ミス・ユニバース・ジャパン
ビューティーキャンプ講師が教える

20秒で
自分の魅力を
伝える方法

佐藤まみ
Sato Mami

SOGO HOREI PUBLISHING CO., LTD

はじめに

はじめまして。佐藤まみです。

私は、ブライダル司会歴20年、話し方講師歴10年の経歴をもつ話し方のプロです。地方の放送局でアナウンサーの仕事をしていたこともあります。近年は世界を代表するミス・コンテストである「ミス・ユニバース・ジャパン（以下、ミス・ユニバース）」の出場者たちに、自己ＰＲや伝え方のレッスンもしています。

一貫して「伝えること」を仕事にしてきた私が確信していることがあります。それは、**自分の言いたいことを簡潔に相手に伝えられるかどうかで、人生は大きく変わる**ということです。

たとえば、私が講師を務めるミス・ユニバース・ジャパン ビューティーキャンプでは、水着審査やドレス審査もありますが、同じくらい重視されているのが、**20秒**

間の自己PRです。審査員や多くの観客がいる中で、いかに自分の魅力をアピールできるかが試されます。

美人でスタイルがよくても、自分の魅力を伝えられなければ、コンテストを勝ち抜くことはできません。逆に、魅力的なスピーチができる女性が、栄冠をつかみとります。

ミス・ユニバースでは、外見の美しさだけが評価対象になるわけではありません。知性、感性、人間性、誠実さ、自信などの内面も重視され、社会に積極的に貢献したいという社会性を備えた「オピニオンリーダー」になれるかどうかも重要なポイントとされています。

「見た目」だけでは、ミス・ユニバースには選ばれないのです。自分の人間的な魅力や強みを伝えられる人が評価されます。

「人は見た目が9割」などと言われることがあります。たしかに、第1印象は大事です。一般的に、第1印象は6～7秒で決定づけられ、その印象はなかなか覆すことはむずかしいとされます（これを初頭効果といいます）。

実際、見た目がよいほうが相手の第1印象はよくなり、他の人と差をつけることができます。たとえば、仕事相手を選ぶとき、パリッとしたスーツを着てきちんと身だしなみを整えている人と、ヨレヨレでシワだらけのスーツとシャツを着た人が並んでいれば、前者の人と仕事をしたいとほとんどの人が思うのではないでしょうか。

しかし、見た目はきちんとしていても、自分の魅力を十分に表現できず、考えていることをしっかりと伝えられなければ、見た目で得たアドバンテージも半減してしまいます。見た目だけを取り繕っても、メッキは必ず剥がれ落ちます。第1印象にも「賞味期限」があるのです。

自分の魅力や考えを伝えられなければ、ここいちばんでチャンスをつかむことはできないのです。それはミス・ユニバースのようなコンテストにかぎらず、プレゼンやスピーチ、商談、面接など一般的なビジネスシーンでも同じです。

私は、これまでミス・ユニバースだけでなく、企業研修やビジネスセミナーなどの場で多くのビジネスパーソンに「自分の魅力の伝え方」を指導してきました。そうした経験のなかで、見た目に気を遣っていて好印象だけれど、伝え方が悪くて、期待する結果を手にできていない人をたくさん見てきました。そんな人に出会うたびに、「もったいない！」という気持ちになっていました。

そこで本書では、ミス・ユニバースや話し方セミナーなどで私がレッスンしているる「表現方法」を紹介することにしました。もちろん、ミス・ユニバースに出場するような女性だけでなく、普通の女性やビジネスパーソンでも実践できるノウハウばかりです。

キーワードは「**20秒**」。何かを伝えるとき、相手が最も理解しやすい長さが20秒です。伝える力のある人は、ペラペラと長く話すようなことはしません。短いセンテンスで簡潔にまとめて話します。

次のような悩みをもっている人は、ぜひ読んでください。お役に立てるはずです。

✴「やりたいことがあるけれど、チャンスをつかみきれない」
✴「営業やプレゼンをもっとうまくできるようになりたい」
✴「人前で気の利いたスピーチをしたい」
✴「面接試験でもっと堂々と自分をアピールしたい」

そのほか、「なんとなく自分に自信がない」「もっとうまく話せるようになりたい」という人にも役立つノウハウばかりです。ぜひ参考にしてください。

本書をきっかけに、読者のみなさんが人生や仕事のチャンスをつかむことができれば、著者としてこれほどうれしいことはありません。

佐藤　まみ

CONTENTS

第3章／「20秒」で言いたいことを伝える技術

第4章／あなたを魅力的に見せる話し方の技術

第5章／「第一声」があなたの印象を決める

第6章／話が伝わる人は「第0印象」が違う！

第 1 章

あなたの「伝え方」が悪いからチャンスを逃してしまう

ミス・ユニバースで選ばれた人、選ばれなかった人の違い

日本人は自分をアピールするのが苦手だと言われます。奥ゆかしさが美徳とされる文化も影響しているのかもしれません。もちろん、日本人特有の奥ゆかしさは魅力的な一面をもっていますが、ここぞというアピールの場では、マイナスに働きかねません。**自分の魅力や強みをアピールできなければ、チャンスはつかめません。**私は、もっとみなさんに自分の魅力を前面に出して、自己ＰＲをすることをクセにしてもらいたいと切に願っています。

せっかくすばらしい強みやスキルをもっているにもかかわらず、それが相手に伝わらなければ、宝の持ち腐れです。自分らしく楽しい人生を送るためにも、自分の魅力や強みを自然にアピールしてほしいと思っています。

本書のタイトルにもある「ミス・ユニバース」とは、世界を代表するミス・コンテストのことです。このミス・ユニバースに出場する女性たちは、大会前に「ビューティーキャンプ」というレッスンプログラムに参加します。

「ミス・ユニバースのビューティーキャンプに参加する人は、自分に自信満々の女性ばかりだろう」と思われがちですが、それは大きな誤解です。彼女たちもまた、最初は自分の魅力を十分に伝えることができません。どうしても奥ゆかしさや謙遜といった美徳を優先してしまうのでしょう。そういう意味では、一般の人と変わりません。しかし、ビューティーキャンプを経て、彼女たちは自分の魅力に気づき、自信をもって、それをアピールできるように変身します。

ミス・ユニバースでは、容姿がいいだけでは選ばれません。**自信をもって自分の魅力を堂々と語れる女性が選考を勝ち抜いていくのです。**

ミス・ユニバースのようなコンテストにかぎらず、プレゼン、面接、営業、会議、スピーチ……など、人前で情報を発信することは、チャンスの獲得につながります。

そのチャンスをつかめれば、これまでの自分の世界が一気に広がる可能性があります。

あなたは自分のことを過小評価してはいないでしょうか。「どうせ自分はたいしたことない……」と言う人が少なくありません。

しかし、自分を卑下している人の言葉に、どれだけの人が耳を傾けてくれるでしょうか。自信なさそうに話している人と「一緒に仕事がしたい」「仕事を任せたい」と思うでしょうか。堂々と自信をもっている人を選ぶはずです。

自分を過小評価しても何もいいことはありません。少し背伸びするくらいでちょうどいいのです。「どうせ……」「自分なんて……」が口ぐせになっている人は、今日からやめましょう。

自分の言いたいことを伝えられることは、大きな武器になるのです。いざというときのために、**自分の魅力や強みを言語化し、伝えられるようにしておくことが大切です。**

長く話すのは簡単！丁寧で誠実でも長い話は伝わらない

私はブライダル司会の仕事を20年間続けてきました。今では会社に約10人の司会者を抱え、彼女たちに司会技術を指導する立場でもあります。

ブライダル司会の仕事をしていてつくづく感じるのは、**一般の人は伝え方で損をしている**ということです。

結婚式といえば、親族や友人によるスピーチが欠かせません。スピーチの時間はだいたい3分が目安とされていますが、多くの人は3分をオーバーして話します。特に年配の方になるほど、話が長くなる傾向があり、ときには5分、10分たっても終わらないこともあります。冒頭で「スカートの丈とスピーチは短いほうがいいと言われますので手短に話します」と自分で言っておきながら、10分以上話す強者も……。

祝福したい気持ちはわかります。その思いが話の長さに反映されているともいえます。もしかしたら、最初はもっと短くまとめるつもりだったけれども、話しているうちに気持ちがよくなって、「あれも話そう、これも話そう」と次々に話したいことが浮かんでくるのかもしれません。

しかし、残念ながら、話が長くなればなるほど、会場の雰囲気はしらけていきます。3分を過ぎればとっくに集中力が途切れ、別のことを考え始めます。それでも終わらなければ、「もう、長いよ！」と心の中で悪態をつき始めるでしょう。そうなると、せっかく長々と熱弁を振るったにもかかわらず、多くの人は話の内容をほとんど覚えていない、ということになります。

ところが、長いスピーチをし終わった人は満足顔です。言いたいことを伝えられた、ということなのかもしれませんが、長いだけのスピーチを聞かされるほうはたまったものではありません。

私がもったいないと思うのは、そうした長いスピーチの中にも新郎新婦の人柄を表すようなすてきなエピソードが含まれていることです。そのエピソードを中心にコンパクトにまとめることができれば、感動的で記憶に残るスピーチになるはずなのに……と。

もちろん、３分以内で簡潔に感動的なスピーチをするゲストもいます。そういう人のスピーチは、いちばん伝えたいエピソードが明確になっていて、その話を中心に話が構成されています。けっして話が脱線したり、エピソードが追加されたりはしません。

「話が長くなる」というのは、結婚式のスピーチにかぎった話ではありません。

ビジネスシーンでも見受けられます。

たとえば、商談やプレゼンの場。商品やサービスをアピールしたいがゆえに、一方的にセールストークをしてしまう人は少なくありません。

また、会議や説明会、打ち合わせの席でも、話が長くなりがちな人は一定数存在します。そういう人にかぎって、結局、何が言いたいのかわからず、社内の同僚を困惑させている可能性があります。

また、初対面の人への自己紹介、面接での自己ＰＲでも、長々と自分のことを話してしまう人がいます。

しかし、**話が長い人は、総じて損をしています。**

なぜなら、**人は長い話を聞くのが苦手**だからです。学生の頃、「校長先生の話が長いなあ」と思っていたのは私だけではないでしょう。

もちろん、ためになるお話をしてくださっているのだと思いますが、10分以上続く話を一方的に聞かされると、「早く終わらないかな」と思ってしまいます（ごめんなさい、少なくとも私はそうでした）。特に、要点のつかめない話を聞き続けるのは苦痛ですよね。

だから、話が冗長になればなるほど、人は集中して聞くことができなくなります。一生懸命、誠実に自分自身や商品の魅力をアピールしたつもりでも、**簡潔に伝えなければ、相手の心には響かない**のです。

「20秒」を超える話は相手の印象に残りにくい

当たり前ですが、会話やコミュニケーションは相手がいるから成り立ちます。聞き手があなたの話を聞いてくれなければ、あなたの魅力や言いたいことが伝わりません。本気で相手に何かを伝えたい、何らかの行動を促したいという場合は、あなたの話に集中してもらう必要があるのです。

人が話し手の話に集中できるのは20～45秒と言われています。それ以上、話が長くなると、集中力が途切れ、話の内容が抜け落ちてしまいます。私もアナウンサーやブライダル司会の仕事を長年やってきましたが、人の集中力には限度があることを常に感じています。

ちなみに、ブライダル業界では、人は２分を超えると飽き始めるとよく言われます。

たとえば、ブライダルの席で司会の説明が20～45秒を超えると、聞き手がよそ見をしたり、隣の人と会話をしたりして、注意が散漫になっていくのがよくわかります。したがって、ブライダル司会の場では、45秒を超えて司会者が一方的に話し続けないように気をつけています。次の段取りに移ったり、沈黙する時間を設けたり、話題を転換したりして、参列者の集中力が途切れないような工夫をしているのです。

脳科学の世界でも、長い話は印象に残りにくいということが実証されています。人の記憶には**長期記憶**と**短期記憶**があります。

長期記憶は、言葉のとおり長い時間覚えている記憶で、「幼稚園の運動会の徒競走で1位になった」「小学生のとき、京都へ家族旅行に行ったけれど、風邪を引いてホテルで寝込んでしまった」といった思い出などです。

一方、短期記憶とは、秒単位の時間しか保持されない記憶のこと。たとえば、電話番号や人の名前は一瞬記憶することができても、しばらくすると忘れてしまうことがあります。つまり、浅い記憶のことです。

短期記憶に関する有名な実験に「**ブラウン・ピーターソン・パラダイム**」という

ものがあります。どれくらいの時間、記憶を失わずに保持できるかを確かめたものです。それによると、記憶した情報は時間が経つごとに忘却していき、12秒後には約８割、15秒後には９割以上の短期記憶が失われてしまいます。つまり、人は話を聞いたそばから、どんどんその内容を忘れていくのです（図１）。

そういう意味では、**人が記憶できるのはせいぜい20秒が限度**といえます。それ以上時間がたつと、先に伝えた内容がどんどんあいまいになっていきます。ですから、伝えたいことは簡潔にまとめることが重要なのです。

原稿がないから話が長くなる

「話上手な人＝ペラペラと話せる人」というイメージがあるかもしれませんが、よどみなく長く話せても、その内容が相手に伝わるようにまとめられていなければ意

図1　短期記憶と保持できる時間

「ブラウン・ピーターソン・パラダイム（1958）」

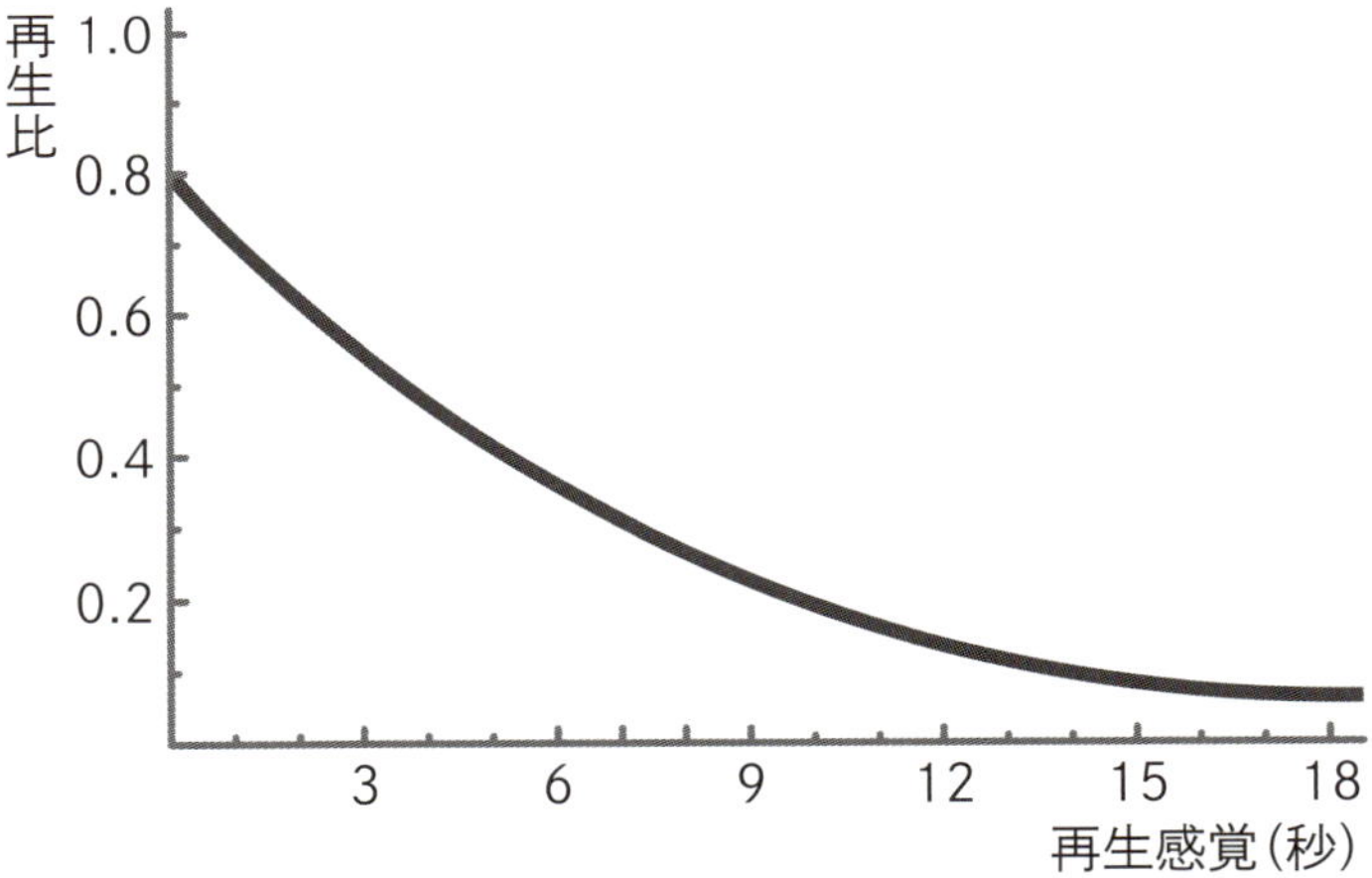

■短期記憶とは、秒単位の時間しか保持されない記憶

■情報が入ってから12秒後には約８割の短期記憶が失われる

■15秒後には９割以上の短期記憶が失われる

人間の短期記憶は20秒が限界。だから、伝えたいことは20秒でまとめる

味がありません。

一見、ペラペラと話せているようでも、話しているうちに結局何が言いたいのかわからなくなったり、話の着地点を見失ったりする人をよく見かけます。結局、そういう人の話は無駄に長くなりがちで、聞き手に「いったい何を伝えたいのかわからない」という印象を与えてしまうのです。

話が長くなる人に共通しているのは、事前に原稿をつくっていない、ということです。話す前に原稿をつくっていれば、言いたいことと、言わなくてもいいことをはっきりさせることができるので、途中で脱線することもありません。

原稿がないから話がまとまらず長くなり、結局、言いたいことが伝わりません。また、話しているうちに「こんな話もあった」とアイデアが浮かんできて、どんどん話が長くなってしまいます。

プレゼンやスピーチなど、自分の言いたいことを伝えなければならないシーンでは、事前に原稿をつくることをおすすめします。一言一句つくる時間がなければ、せめて箇条書きで、何を話すかは明確にしておきましょう。

原稿をつくらない人の特徴は2つ。

ひとつは、人前で話をすることに自信をもっている人です。そういう人は、場慣れしているので、原稿を用意せず、即興でもそれなりに話をまとめられます。実際、話が上手な人は、原稿などなくても、ユーモアのある話で盛り上げたり、感動させる話で涙を誘ったりします。しかし、それができるのは、「話す」ことでお金をもらっているプロくらいでしょう。

もうひとつのパターンは、面倒だから原稿をつくらないという人です。問題はこちらのパターンです。頭の中である程度話すことを考えて、「なんとかなるだろう」と高をくくってしまいます。しかし、話すことが明確になっていないので、思いついたことを適当に話して、どんどん話が長くなり、結局、要点が見えなくなってしまうのです。

困ったことに、人前で話をするのに苦手意識をもっている人に、原稿をつくらないタイプが多いのです。原稿をつくらないということは、ぶっつけ本番になるわけですから、うまくいくわけがありません。

本気で相手に伝えたいことがあるなら、事前に原稿をつくるくらいの準備は必要です。

わかりやすい原稿のつくり方のコツに、「**タイトルをつける**」というものがあります。話の着地点、行先をはっきりさせるのです。そうすることで、そのタイトルテーマで話すことが明確になるので、内容がぶれたりしません。話の中で「いちばん伝えたいこと」をタイトルとしてつけます。

ブログをやっている方はわかるかと思いますが、ブログにもタイトルがあります。タイトルをつけてそれに基づく内容を記載するという点では、ブログ投稿も話し上手になるためのいいトレーニングになるといえるでしょう。

短い時間で簡潔に話すことで、あなたの伝える力は、格段にアップします。

もちろん、単に話が短ければいいというわけではありません。言葉が足りなければ、結局、何が言いたいのかわからなくなります。20秒程度の話を通じて、自分の言いたいことが相手に伝わらなければ意味がないのです。

コンパクトに自分の言いたいことを伝え、相手に理解や納得、感動、あるいは行動を起こしてもらう。そうでなければ、本当の意味で「伝えた」とは言えないのです。

第2章以降では、20秒で簡潔に相手に伝える技術について、具体的に説明していきましょう。

第 2 章

「20秒」だから
あなたの
魅力が伝わる

ミス・ユニバースで与えられるスピーチの時間は20秒

ミス・ユニバースは、世界を代表するミス・コンテストのひとつで、世界各国の都市でコンテストが開催され、80カ国以上の代表が参加して世界一の栄冠を競い合う美の祭典です。

日本大会（全国大会）では、各都道府県の代表が一堂に会し、日本代表が決定します。ちなみに、2017年のミス・ユニバース・ジャパンには、テレビリポーターである阿部祐二さんの娘、阿部桃子さんが選ばれました。

日本大会に出場する女性たちは、各都道府県の大会を勝ち抜いてきます。このとき、都道府県大会のファイナリストたちは、大会前に「**ビューティーキャンプ**」というレッスンプログラムを受講します。「コミュニケーション」「自己表現」「ヘアー

&メイク」「ウォーキング・ポージング」などの専門講師からレッスンを受けたうえで、大会のステージに立ちます。

私は、日本大会の代表を決める愛知大会と東京大会、そして各都道府県の代表が集まる日本大会で「自己表現」「スピーチ」のレッスンを担当しています。

ミス・ユニバースのコンテストでは、自己PRの時間が設けられています。制限時間は20秒。**たった20秒という限られた時間の中で、自分の魅力を伝えきらなくてはなりません。**私はビューティーキャンプの中で、彼女たちに自分の魅力となる「強み」を伝える話し方のレッスンをしています。

ミス・ユニバースのコンテスト本番では、彼女たちは堂々としているように見えますが、最初から輝きを放っていたわけではありません。もちろん、ミス・ユニバースに参加するだけあって容姿はキレイですが、どこかオドオドしていて、あか抜けない雰囲気の参加者がほとんど。まさにダイヤの原石の状態です。

したがって、ビューティーキャンプのレッスンを始めたばかりの頃は、「自己PR

をしてください」といっても、まともに話し切れる人はいません。ミス・ユニバースに出場する人は「特別な美人」というイメージがあるかもしれませんが、伝えるスキルという点では、みなさんと同じく、なかなか言いたいことを伝えられずに、もどかしい思いをしているのです。

たった「20秒」でも価値観やパーソナリティを表現できる

「たった20秒で自分を表現するのは難しい」と思うかもしれませんが、ミス・ユニバースで聴衆の注目を集める候補者は、平等に与えられた20秒という時間の中で、しっかりと審査員や聴衆の心をつかまえています。

ためしに20秒間で、あなたの自己PRをしてみてください。あらかじめ原稿を用意してもかまいません。意外と多くの内容を伝えられることに気づくと思います。

面接にしても、プレゼンにしても、無限に時間が与えられているわけではありません。それこそ、チャンスは数分間、あるいは数十秒であることもめずらしくありません。

20秒トークを心がけることで、自分の魅力や価値観が伝わりやすくなりますが、効果はそれだけではありません。短い時間で伝えることで**相手とのコミュニケーションもうまくいく**ようになります。

長い話は嫌われます。時間は有限ですから、人は自分の貴重な時間を奪われることを不快に感じます。あなたも長いだけの話をだらだらと聞かされて、イライラしたことがあるでしょう。

もちろん、気の置けない友人と他愛のない会話をする楽しみもあります。それは否定しません。しかし、少なくともビジネスシーンや相手に何かを伝えなければならないケースでは、だらだらと長い話はご法度です。こうしたシーンでは、端的に言いたいことを伝えなければチャンスをつかみとることはできません。

チャンスをつかむには、運や実行力も必要ですが、もうひとつ欠かせないものがあると私は考えています。

ずばり、**コミュニケーション力**です。

自分の魅力や強み、考えをしっかりと相手に伝える技術がなければ、チャンスをつかみとるのはむずかしい。何かを成し遂げるには、一人では無理なことが多いからです。

たとえば、「アナウンサーになりたい」という夢があるなら、面接官を務めるテレビ局の幹部に気に入ってもらわなければなりません。**人がチャンスを運んでくるのです。**これは案外、見逃されやすい事実ではないでしょうか。

素人だった私がアナウンサーのオーディションに受かった理由

短い時間であっても、自分の魅力や考え、やる気など内面をアピールできれば、相手に印象を残すことができます。

私は大手航空会社のグランドスタッフを辞めたあと、プロのダンサーに転身しました。自分の気持ちに向き合い、「一度きりの人生だからこそ、後悔なくやりたいことをしたい」という思いと、タイミング良くスカウトをされたということもあり、思い切ってダンスの世界に飛び込んだのです。プロダンサーとして舞台に立ちながら、ダンス教室で一般の人向けにレッスンをする日々……。好きな仕事だったので毎日充実していたのですが、26歳のとき、ふとこんな思いがよぎりました。「私は生涯、仕事をし続けたい。でも、年齢を重ねて体力が落ちてきたらダンスの仕事は続けられなくなる……」。私は常日頃から女性の社会参画について考えることが多く、生涯仕事をして輝き続けたい、経済的にも自立していたいと思っていたので、ダンスの仕事にはいったん区切りをつけて、別の道に進むことを決意したのです。

そこで、私が選んだのは「話す仕事」。グランドスタッフ時代に「佐藤さんの館内アナウンスは聞き取りやすくていいわね」と先輩に褒められたことが、ずっと記憶に残っていたからです。

「話す仕事といえばアナウンサー」としか思いつかなかった私は、タウンページをめくりながら、片っ端から放送局に電話をかけました。

「素人でもできる話す仕事はありませんか？」

当然、ほとんどは門前払いの状態でしたが、唯一、エフエム愛知（現・＠FM）というラジオ局で話を聞いてもらえて、「あさって締め切りですが、アナウンサーのオーディションがあります」と教えてもらいました。

急いで履歴書と課題を録音したデモテープを放送局に持参したところ、なんとか書類選考を通過し、面接試験へ進みました。当日、面接会場に行くと、30人ほどの一次通過者がいたのですが、ほぼ全員がプロダクション所属で、事務所のマネジャーや関係者と一緒に来ていました。つまり、話す技術がまるでない素人は私だけだったのです。しかも、他の応募者はリクルートスーツを着ているのに、私は一人だけ赤色のワンピースを着て、完全に浮いていました。

会場に到着した瞬間、場違いであることは私も理解しましたが、逆に吹っ切れました。「ダメでもともと。今日は楽しもう！」と気持ちを切り替え、ワクワクとした気分でグループ面接に臨みました。

すると、驚いたことに面接に合格し、晴れてラジオ局のアナウンサーになることができたのです。

しかし、入社後は苦労の連続でした。何しろ完全な素人ですから、アナウンス技術も一から学ばなければなりません。私も含めて4人同期がいたのですが、当然、私は落ちこぼれ状態。プロデューサーからは、「おまえには期待していない。もともと現場はおまえみたいな素人を必要としてなかったんだ」とさえ言われました。

それでは、なぜ私が合格したかというと、面接を担当した役員の一人が「この子、おもしろそうじゃないか」と言ってくれたのが決め手になったと、あとで知らされました。たしかに面接ではいい意味で開き直って、短時間で自分がもっているものを精一杯出すことができたという手ごたえはありました。私の「アナウンサーの仕事をしてみたい」というワクワクとした気持ちが、その役員には伝わったのだと思います。

最初はうまくいかなくて、いつも泣いていたダメアナウンサーの私も、努力を続けて、経験を積むことで、なんとか一人前と言われるようになり、3年間アナウンサーとして活躍することができました。

放送局を卒業してからフリーアナウンサーとして活動をしていた頃、およそ10年ぶりに、当時私に「期待していない」と言っていたプロデューサーと再会。「まさか、おまえがここまでプロとして継続するとはな」と言ってもらえたのは、私の勲章です。

放送局を辞めたあとも話し方講師やブライダル司会者として、「話す」仕事を続けていられるのは、エフエム愛知の面接で、自分の魅力を出すことができたからだと思っています。あの面接で、役員の一人に「おもしろそうだ」と思ってもらい、チャンスをつかむことができたから、今の自分があるのです。もし面接で怖気づいてしまっていたら、今ごろ、まったく別の人生を歩んでいたかもしれません。

チャンスはいつめぐってくるかわかりません。いつでも自分の魅力や強みを出して、存在感を醸し出せるように準備しておくことが大切なのです。

20秒トークのメリット①
コンパクトに魅力を伝えられる

私は、伝え方で悩んでいる人たちに「**20秒トーク**」を身につけることをおすすめしています。

もちろん、なんでもかんでも20秒で言い切れるわけではありません。「簡潔に自分の言いたいことを伝えること」を象徴して20秒トークを提唱しています。

ただし、20秒といっても、先ほども述べた通り、相手の心を動かすだけの情報量は伝えられます。ぜひ、みなさんにも20秒トークの威力を知っていただきたいと思います。

まずは、20秒トークのメリットから見ていきましょう。

ひとつめは、**コンパクトに魅力や強みを伝えられる**ことです。

20秒という限られた時間で相手に伝えようと思えば、内容をコンパクトにしなければなりません。話が長くなる人や相手に伝わらない人は、伝えたいことをコンパクトに話すことを意識していないから、ダラダラと話してしまい、結局、相手に集中して話を聞いてもらえず、あなたの魅力や言いたいことが伝わりません。

勘違いしてほしくないのは、立て板に水のごとくペラペラと言葉が出てくる人は、決して話し上手とはいえないということです。途切れることなく言葉がたくさん出てきても、話が長くてまとまっていなければ、相手には伝わりません。**本当の話し上手は、口数は多くなくても、コンパクトに言うべきことを伝えています。**

「20秒では言いたいことをすべて伝えられない」と思うかもしれません。もちろん、なんでもかんでも杓子定規に20秒で話す必要はありません。ＴＰＯに合わせて1分、2分、３分と話してもかまいません。しかし、ここで大事なことは、短い時間でコンパクトにまとめたほうが、相手に伝わりやすいということです。

したがって、あれもこれもと話を盛り込んではいけません。皮肉な話ですが、伝えようと言葉を多くすればするほど、相手には伝わりにくくなってしまうのです。

まずは、**必要最低限の内容に絞る**こと。これがいちばん大切です。相手があなたの話の内容に興味をもってくれれば、「それはどういうこと？」「もっと詳しく教えてくれない？」と質問が飛んでくるはずです。最初からすべてを話さなくても、質問に答える形で結果的に会話やコミュニケーションが続けば問題ありませんよね。

相手が質問をしてくるということは、あなたの話に食いついている証拠。また、自分が質問したことへの返答であれば、集中して聞いてくれます。**実は、話し上手な人ほど、多くを語らずに聞き手から質問を引き出しているのです。**

20秒トークのメリット②
一文が短く、わかりやすい

自己紹介やプレゼンの場面で、話が長くなってしまう人がよくいます。そういう人には、一文が途切れずに、長くなりがちという共通点があります。

「私は学生時代から釣りが趣味で、先日も久しぶりに朝早くから起きて友人と一緒に行ってきましたが、魚が釣れたときは本当にうれしくて、その場でさばいて仲間と美味しく食べているのですが、最近は体重が増えて体の動きが鈍くなってきたのが悩みのひとつで、子どもにもバカにされ始めているので、そろそろダイエットでもしたほうがいいかな、と妻にも相談しているところで……」

このように切れ目なく話されると、聞いている人は何が言いたいのか理解できません。話している人も何が言いたいのか、〝迷子〟になってしまいます。先の例では、魚釣りの話から、ダイエットの話にいつの間にか変わってしまっています。

短い時間でコンパクトに伝えようと思えば、言葉の数も少なくなります。「～で、～で」と切れ目なくダラダラと話している暇はありません。**コンパクトに伝えるには、一文を短くし、歯切れよく伝えることが大切**になります。

一文が短くなれば、聞き手は話の内容を理解しやすくなります。一文が長いと、主語と述語の関係がわかりづらくなり、結局、「何を言いたいのか」をつかみづらくなります。句点で区切ることで、聞き手は集中して聞くことができ、あなたが伝えたい内容を的確に理解することができるのです。

先ほどの例文を修正すると、次のようになります。

「私は学生時代から釣りが趣味です。先日、久しぶりに友人と釣りに行ったときに、魚が釣れたときは本当にうれしかったです。その場でさばいて、仲間と食べる魚は最高です」

このように一文を短くして、趣味の魚釣りの話だけに絞れば、魚釣りが趣味であることが聞き手に伝わりやすくなります。

20秒トークのメリット③ 目的がハッキリするから話がブレない

相手にうまく伝えられない人は、話の内容がブレてしまうことが少なくありません。目的がはっきりしていないから、あれもこれもと浮かんできたことを言葉にしているうちに、話している本人が何を言いたいのかわからなくなってしまうのです。

そうなれば、相手に話の内容が伝わらないのは当然です。

聞き手に「で、何が言いたいの？」「要は、どういうこと？」という顔をされる人は、話がブレて着地点を見失っている可能性が高いといえます。

ブライダル司会をしていてよく見かけるのは、スピーチの着地点が見えなくなって、グダグダになってしまうケースです。結婚式のスピーチは20秒ではなく平均3分くらいですが、やはり、目的を見失ったまま話し続けると、何が言いたいのかわからなくなります。

たとえば、新郎新婦との思い出を話すのはいいのですが、それを披露しただけで終わってしまう人が少なくありません。結婚式のスピーチの目的は新郎新婦を祝福することです。「……そんないつも明るい○○さんですから、きっと幸せな家庭を築かれると思います。このたびはご結婚おめでとうございます」といった言葉で締めくくれば、まとまりのあるスピーチとなり、祝福する気持ちも新郎新婦や参列者に伝わるはずです。

20秒という短い時間で伝えられるのは、最も伝えたいワンテーマのみです。おのずと伝えるべき内容は絞られます。

20秒で話すことを意識すれば、目的（話の着地点）をはっきりさせずに話し始めることはできません。目的が決まらないまま話し始めれば、あっという間に時間が経過し、大事なことを相手に伝えられないからです。20秒で話すと決めれば、半強制的に目的もはっきりします。

「自分の魅力を伝えたい」「相手に商品を購入してもらいたい」「相手を説得して行動を促したい」といったように目的を明確にすることによって、短時間で言いたいことを伝えることができます。

20秒トークのメリット④ 余分なことを言わないから粗が出ない

政治家の失言がニュースになるたび、「20秒トークを意識していれば、不用意な失言をすることもないのに……」と残念に感じています。政治家はある意味、多くの人に自分の考えや思いを伝えることが仕事であるにもかかわらず、話し下手な人が多いのが現実のようです。

失言をすれば、誰かが傷つくことになります。訂正しても、失った信頼を取り戻すのは簡単ではありません。場合によっては、長年築いてきた信頼関係が修復できないほど一瞬で壊れてしまうこともあります。

失言の多くは知識不足や「聞き手が喜びそうなことを言おう」というリップサービスから生まれます。それ以上に、**余計なことを言う時間があるから、その影響力を考えもせず、口走ってしまう**のです。最初から伝えるべき内容を絞り、短い時間で伝えることを心がけておけば、多くの失言は防ぐことができます。

同じことは、一般の人のスピーチにもいえます。前述のとおり、結婚式のスピーチは、だいたい3分程度と相場が決まっています。3分を超えれば式の進行にも支障をきたしますし、そもそも聞き手の集中力も続かないので、せっかくいい話をしても聞き流される結果となります。だから、スピーチが上手な人は、だいたい3分以内に話を収めます。

ところが、多くの人は3分を超えて話してしまいます。話しているうちに、「あれもこれも話したい」という欲が出てきてしまい、どんどん話が長くなってしまうのです。話が長くなれば、参列者の心には響きませんし、最悪の場合、とんでもない失敗をしてしまうことがあります。

結婚式のスピーチで失敗するパターンのひとつに、余計なことを言ってボロが出てしまう、というものがあります。

たとえば、新郎の上司が新郎の仕事上の失敗談を紹介したところ、会場の笑いを誘ったとします。すると、ウケて気持ちがよくなった上司は、当初話すつもりのなかった他の失敗談まで披露。ところが、にわかに両親の表情が曇っていき、会場はピリピリとした雰囲気に。スピーチをしている本人は気持ちがいいので、そんな空気を察することなく、失敗談を続けてしまう……。いくらお世話になっている上司とはいえ、新郎新婦や親族は、苦々しい思いをすることになります。

あらかじめ20秒なら20秒、3分なら3分と**時間を決めて話し始めれば、余計なことを言う時間はなくなります。**短い時間できっちりと言いたいことを伝えようと思えば、余分なことを話して、粗が出ることを防ぐことができるのです。

「20秒」を意識している人はオーラが違う

20秒を意識してコミュニケーションをとる、つまり、短い時間でチャンスをつかみとろうとしている人は、まわりに与える印象も変わってきます。一言でいえば、**そういう人からは「オーラ」が出ているように見えます。**

「オーラ」という漠然とした表現に違和感を覚えるなら、「**存在感**」と言い換えてもいいかもしれません。「この人は何か人と違うものをもっていそうだ」と感じさせる人があなたのまわりにもいるのではないでしょうか。**人の心をつかむ人、人から選ばれる人は、オーラを出しているのです。**

「芸能人はオーラが違う」などと言われますが、彼らは自分の魅力を表現することが仕事です。いつでもチャンスをつかもうという意識が、オーラとして表れているといえます。

「私は芸能人ではないからオーラを出すなんて無理」とあきらめないでください。どんな人でも、短時間で自分の魅力を伝えようと意識していれば、「オーラ」を放つことができます。

実際、ミス・ユニバースにやってくる候補者のほとんどは、最初、オーラなど出ていません。自分を表現するレッスンを積み重ねて自信をつけることによって、初めてオーラを出すことができるのです。最初は、オドオドしていても、レッスンで磨かれていくうちに、座っているだけでも圧倒的な存在感を放つようになる女性もいます。キラキラしていて、講師である私が圧倒されそうになるほどです。

また、情熱や自信もオーラの源になります。「日本一になれたらいいなあ」と思っている程度では、ミス・ユニバースに選ばれることはできません。「私は必ず日本一になって、世界を舞台に活躍する！」。そんな自信をもっている人は、他の人を圧倒するオーラを出すことができますし、実際にミス・ユニバースの大会でも上位に入ります。

そうした候補者は、自己ＰＲの際、「エントリナンバー5番、○○さん、よろしくお願いします」と呼ばれて、マイクの前まで歩いていくとき、すでにオーラを感じさせます。「この子は、何かもっている」。20秒のスピーチを始める前に、そう審査員に思わせることができれば、高い評価につながるのは間違いありません。

生まれつき天性のオーラをまとった人もいるのかもしれませんが、**オーラは意識を変えることで戦略的につくることができます。**姿勢や表情、心のもちようによってオーラは調節できるのです。

ビジネスでは、その人の実力やスキルと同じくらい、相手に与える印象が結果を左右します。自分の見せ方や伝え方を磨くことによってオーラをつくり、相手の好印象を獲得しましょう。

第3章

「20秒」で言いたいことを伝える技術

ネガティブな情報は後回し

20秒トークでは「伝えるべきこと」と「伝えなくてもいいこと」があります。

「伝えなくてもいいこと」は、ネガティブな情報です。ミス・ユニバースのビューティーキャンプでは、参加者に20秒の自己PRをつくってもらうのですが、多くの人がネガティブな情報を入れたがります。

たとえば、「私は子どもの頃、いじめられていて……」「私の両親が離婚したのをきっかけに……」といった具合です。もちろん、「それをバネにして今を生きている」と話を展開し、最後は前向きな印象で終わるのですが、20秒という時間の中にネガティブな情報を入れると、どうしても悪い意味で印象に残ってしまいます。3分以上の時間が与えられているスピーチや、しっかり論点の展開ができる文章であればドラマチックに仕上がりますが、20秒という短時間では悪目立ちしてしまいます。自己ＰＲの場にかぎらず、初対面の人に「昔、いじめられていて……」といきなり言われたら、心理的な距離が生まれてしまいますよね。しかも、時間がかぎられているのですから、ネガティブな情報を伝える時間はもったいない！　ビューティーキャンプの参加者には、**「自分のウィークポイントには目をつぶり、長所を広げていきましょう」**とアドバイスをしています。

というわけで、**「伝えるべきこと」はポジティブな情報です。**自分の強みや魅力を優先すべきです。

「昔、父の転勤が多かったことから、なかなか環境になじめず、学校ではいじめられて辛い思いをしてきました。一人の友人が声をかけてくれたことがきっかけで、私はどんな人にでも笑顔を与えられる人になりたいと決意しました。それ以来、私はいつでも笑顔でいることを忘れないようにしています」

このようにネガティブな情報を前面に出すよりも、次のようなポジティブな自己紹介のほうが気持ちいいですよね。

「私のモットーは、笑顔でいることです。いつでも、どこでも笑顔でいることで、まわりの人も笑顔になってほしいと思っています」

いじめにあっていたエピソードは、「どうしていつも笑顔でいられるのですか？」などと質問をされたり、コミュニケーションが深まったりした段階で話しても遅くありません。

ふだんのコミュニケーションでも、いきなりネガティブな話をするのは考えものです。これまでの私の経験から言えば、「自分の不幸話を聞いてもらいたい」という人が一定数いるように感じます。その気持ちもわかる部分はありますが、聞かされるほうは、いい気分ではありません。特に、初対面の人にネガティブな重い話をしてしまうと、相手に気を遣わせてしまいます。

プレゼンや商談の場でも、冒頭でネガティブな発言は避けたほうがいいでしょう。「私は話すのが苦手で……」「あがり症なので……」と言い訳をしたくなるかもしれませんが、それは相手にとっては関係のない話です。特にビジネスでは「この人とお付き合いをしても大丈夫かな……」と不安にさせるだけです。それよりも「今日はみなさんに役立つ情報をお伝えしにやってきました！」などとポジティブに始まったほうが、相手に与える印象はよくなるはずです。

自分のよいところを書き出す

ポジティブな情報を伝えるには、自分の魅力や強みなどを発見しなければなりません。また、商品やサービスをセールスする立場の人であれば、その商品のセールスポイントを明確にする必要があります。

ミス・ユニバースのビューティーキャンプでは、受講者である女性たちに自分の強みと弱みの両方を思いつく限り書き出してもらいます。このとき、ほとんどの人は、弱みはたくさん書くことができる一方で、強みはなかなか書くことができません。日本人は自分を過小評価しがちで、欠点や悪いところを見つけるのが得意な面があります。しかし、自分のことを肯定的に受け止められない人を、他人は評価しません。「どうせ自分は……」と弱気になっている人を選ぼうとはしないでしょう。**相手の心をつかむには、まず自分自身を知り、自信をもつことです。**「自分はこういう人間なのだ！」と語れる人は魅力にあふれています。人はそうした人の声に耳を傾け、信頼を寄せてくれるのです。

特にミス・ユニバースのようなコンテストでは、自分を過小評価しているかぎり、大勢の人の前でスポットライトを浴びて、堂々とスピーチすることなどできません。

ビューティーキャンプで強みと弱みを両方書き出してもらうのは、彼女たちがいかに自分自身を過小評価しているかを実感してもらうためです。彼女たちは弱みや欠点のほうが多く挙がっている用紙を見て、そのことに気づきます。

次に強みや長所を見つけてもらうために、さらに紙に思いつくかぎりの強み、長所を書き加えるように促します。

強みや長所を書き出すためのポイントは2つ。

ひとつは、**どんな小さなことでも、ざっくりとしたことでも書くこと。**「食べ物を残さない」「いつも笑顔」「健康に自信がある」「向上心がある」……。ポジティブなものなら何でもいいのです。

もうひとつは、**他人にほめられたこと。**「美人だね」「足がキレイ」「肌が白い」「声がキレイ」「いつも明るい」「思いやりがある」など他人から評価された点は、間違いなく長所なので、それらについても書き出します。このとき、遠慮はいりません。自分は強みだと思っていなくても、第三者である他人がほめているのですから、客観的な事実であり、それは強みになりえます。

これら2つのポイントを伝えると、ビューティーキャンプの受講者たちも照れながら、どんどん用紙を埋めていくことができます。強みを書き出すと、その数だけ自信をもつことができます。そして、自分の魅力として伝えるべき長所が見えてきます。

図2　自分の強みを書き出す

自分が思う自分の好きなところ

- いつも笑顔
- 根性がある
- 向上心がある
- 目標に全力
- まじめ
- 家族愛がある

他人から言われた自分のいいところ

- 品がある
- 家族愛がある
- まじめ
- 想像力豊か
- 姿勢がいい
- 女子力が高い

↓

書き出した強みの分だけ自信がもてて、伝えるべき魅力がわかる日本人は奥ゆかしい人が多いので、自分の魅力をアピールすることに抵抗を覚える人もいるようです。しかし、さまざまな世界で活躍している人は、みなさん自分の長所を最大限に生かし、その人の魅力としてアピールしています。

たとえば、女優の藤原紀香さんといえば、抜群のプロポーションと美脚です。そのことを彼女はわかっているからこそ、（1回目の）結婚式で足が見えるドレスを着ていました。タレントの橋本マナミさんの魅力といえば、豊満なバスト。彼女もそのことを誰よりもわかっているから、メディアに登場するときは胸元が大きく開いた衣装を身にまとっています。

もちろん、一部の人からは反感を買うかもしれませんが、彼女たちは自分の強みをわかっているからこそ、芸能界という競争が激しい世界で活躍できるのだと思います。

さらには最近の橋本マナミさんの変化にも要注目。コメンテーターとしての出演が多くなってきたことで、テレビでの衣装は以前と見違えるほど変わってきているのもアピール法を知っているからこそでしょう。

それは、ビジネスの世界でも同じではないでしょうか。笑顔が魅力的であると自覚している人は接客業やサービス業の仕事で活躍し、アイデアマンであることを自覚している人は、それを活かしてクリエイティブな仕事をしています。

自分の魅力や強みに気づくことは、ビジネスで成果を出すうえでも大切なことです。もしあなたが自分の魅力や強みを自覚できていないなら、それらを書き出して、アピールすることです。そうすることで、チャンスをつかみ、これまで以上の成果を出せるかもしれません。

借り物の言葉では信頼は得られない

言葉は生き物です。他人の言葉を借りて、ただつなぎ合わせたところで、相手の心に響くような話はできませんし、信頼も得られません。

ミス・ユニバースの20秒トークでも、レッスンを受ける前は、自分の言葉ではなく、体裁のよい言葉を並べることしかできない出場者もいます。そのようなスピーチは、残念ながらキレイごとにしか聞こえません。それでは、審査員や観客の心を打つことはできず、コンテストも勝ち抜くことはできません。

20秒で相手の心を動かすスピーチをするには、自分にしか語れない言葉を探すことです。

それでは、どうやって、自分オリジナルの言葉を見つけるか。私は、ビューティーキャンプや話し方のセミナーなどで、次の10の質問に答えることを受講者に課しています。

①自分の長所は？
②自分の短所は？
③あなたの性格をひと言で言うと？
④生きていくうえでいちばん大事なことは何だと思いますか？

⑤ **人に自慢したいことは？**
⑥ **30年後は何をしていますか？**
⑦ **尊敬する人は誰ですか？**
⑧ **座右の銘は何ですか？**
⑨ **ひとつだけ夢がかなうとしたらどうしますか？**
⑩ **今までいちばん感動したことは何ですか？**

もちろん、これらの質問に正解はありません。自分の気持ちに素直になって答えてください。自分と正面から向き合うことによって、自分が考えていること、素直な気持ち、価値観などが見えてきます。そして、それらをベースにした言葉には、命が吹き込まれ、あなただけのオリジナルの言葉になります。

20秒トークで、自分の魅力を伝えるときは、これらの言葉をベースにすることが大切です。そうすることで、短いスピーチでも人の心を揺さぶることができるのです。

人と人とが織りなす会話は生ものです。質問を投げかけられたときに、「えっと……」と言葉に詰まってしまうと、そこでチャンスを逃すことになるのです。

ミス・ユニバースでも質疑応答の時間があります。この答え方によって審査員や観客の心を見事にとらえ、その評価が優勝に導くミラクルを引き起こす、ということはよくあることです。

これは、商品・サービスのPRをするときでも同じです。この商品・サービスがもつオリジナルの魅力は何か。これを言語化することで、プレゼンや商談で語る言葉に重みが増します。

「起承転結」はあきらめる

話し方や伝え方のテーマを扱った書籍を読んでいると、「起承転結の型に沿って話すとうまくいく」と書かれているのをよく目にします。

しかし、私が提唱している**20秒トークでは、起承転結で話すことはあきらめてもらいます。**なぜなら、起承転結で話すのは、プロの話し手でもむずかしいからです。きっかけとなるハプニングや出来事があり（起）、それをドラマチックに発展させて（承）、さらには場面や視点を変えて（転）、最後にうまく締めくくる（結）……。こうしたメリハリのあるストーリーを描くのは簡単ではありません。

話のプロでも、あらかじめ起承転結のストーリーを原稿にし、練りに練ったうえで披露しています。とっさのスピーチ依頼でも起承転結をつけて、おもしろおかしく語れる人がたまにいますが、ずば抜けて才能があるか、もしくは何度も場数を踏んでいるかのどちらかです。話のプロではない一般の人は、起承転結のストーリーをつくろうと思っても挫折しがちですし、とっさの場面で適切なストーリーを組み立てるのは不可能です。

もうひとつ起承転結をあきらめたほうがいい理由があります。**起承転結で話そうとすれば、20秒では足りない**からです。1分以内にまとめるのも困難でしょう。起承転結のストーリーは、講演やスピーチなどじっくり聞かせる場でないと、時間的に収まらないのです。そもそも人は長い話を嫌いますから、起承転結で話そうとすれば逆効果になるおそれもあります。

20秒で伝えられるのは1テーマだけ

20秒という時間で伝えられるテーマは1つだけです。「相手に伝えたい」という気持ちからテーマが2つ、3つと拡散してしまう人がいますが、それは逆効果。**情報が多くなると、かえって聞き手は「何が言いたいのかわからない」という印象をもってしまいます。**

たとえば、商品のPRをするときに、「この自動車は燃費が良くて経済的です」というメリットだけでなく、「この自動車はデザインにもこだわっています」「この自動車は乗り心地もすばらしいです」というように、情報を詰め込んでいくと、結局、この自動車の「強み」がかすんでしまいます。

「燃費の良さ」がいちばんの売りであるなら、限られた時間の中で燃費の良さを最大限アピールすることに徹し、そのほかの情報はひとまず捨てることです。相手が「燃費の良さ」にくいついてきたら、さらに燃費についてくわしく述べていく。そうすることで、コミュニケーションは深まっていき、商品を売りやすくなります。

一方、相手が「燃費の良さ」に魅力を感じていないようであれば、そこで初めてデザインや乗り心地の良さについて伝えればいいでしょう。

ミス・ユニバースの20秒トークでも、伝えられることは1テーマだけです。自分の魅力や強みを1つに絞って簡潔に説明します。たとえば、ある女性は、次のような内容にまとめていました。

「いつも前向き、チャレンジ精神では誰にも負けない○○○○です。

これが私の最大の強みです。

目標達成のためなら、どんな障害も乗り越える強い意志をもっています。

大学3年生のときに挑戦したミス・ユニバース・ジャパンでは愛知代表の座を勝ち取るため、努力を惜しみませんでした。特に苦手なウォーキングでは毎朝練習し、足の皮がめくれるまで頑張りました。

結果はセミファイナリストでしたが、挑戦することの楽しさ、大切さをあらためて痛感し、今年も挑戦することを決めました。

ちょっとやそっとのことではくじけない○○○○をよろしくお願いいたします」


あなたがいちばん伝えたいことは何でしょうか？　相手に話す前に最初に伝えるテーマ（情報）をひとつに絞っておくことが大切です。

「相手がどうなってほしいか」という目的を考える

家を建てるときに設計図が必要なように、話し方にも設計図となるような指針が必要です。「話す目的」がはっきりしていないと、何を言うべきかが見えてきません。

20秒トークを完成させるには、「話す目的」を明確にする必要があります。カーナビが目的地をインプットしないと道順を案内できないのと同じように、「**聞き手にどうなってほしいか**」、あるいは「**相手にどんな影響を与えたいか**」を明確にしなければ、短い時間で的確に伝えることができません。

たとえば、目の前の見込み客に商品（自動車）をPRするケース。お客様のニーズから、「自動車を購入したいと思ってもらい、最終的に家族とドライブ旅行を楽しんでもらうこと」を目的として設定したとします。目的が明確になれば、あとは見込み客のニーズに合わせて、商品（自動車）のセールスポイントを簡潔に説明するだけです。

「○○さんには、こちらのワゴンタイプの車種をおすすめします。

なぜなら、車内のスペースが広く、お子さんが3人いらっしゃっても広々とお使いいただくことができるからです。もちろん、○○さんの趣味であるキャンプ道具も十分に収納するスペースがあるので、ご家族とキャンプも楽しめます。

ご家族で楽しい休日を満喫するには、車内空間の広さが自慢のこちらの車がぴったりです」

「家族とのドライブを楽しんでもらいたい」という目的が定まっていれば、2人乗りのスポーツカーをすすめることはありませんし、車のスペックをひたすら説明することもありません。そんなことをすれば、お客様はあなたの話には耳を傾けないでしょう。

面接試験であれば、「会社に貢献できることをアピールし、自分を採用してもらうこと」が目的になります。目的が明確であれば、どこに自分の強みがあり、その会社にどう貢献できるかを的確にアピールすることができます。「会社に貢献する」という目的を意識していないと、「自分が学生時代にやってきたこと」などをだらだらと話して満足してしまいかねません。自分の強みをはっきりと示し、それを活かしてどう会社に貢献できるかを面接の担当者は見ています。

伝えることで相手にどうなってもらいたいのか——。話す前に「目的」を明確にしておくことで、相手に簡潔に伝えることができ、さらには手に入れたい成果を得ることができるのです。

自分を売り込むキャッチコピーを1行で表現する

初対面の相手に自己紹介をするときは、自分を売り込むキャッチコピーを用意し

ておくと、相手にインパクトを与え、覚えてもらいやすくなります。

たとえば、私の場合は「ブライダル司会歴20年、佐藤まみです」「話し方講師歴10年、佐藤まみです」がキャッチコピーになります。「ブライダル司会のベテラン」「話し方のプロフェッショナル」であることを、たった1行のコピーで伝えることができます。

チャンスをつかむには、「○○と言ったら、××さん」と思い出してもらえることが大切です。私の場合も、「話し方のプロと言ったら、佐藤さんだ」とセミナーの主催者に思ってもらえているから、講師としての依頼が舞い込むのです。「自分が何者であるか」を短い時間で伝えることによって、相手にどう貢献できるかが明確になるので、チャンスもつかみやすくなります。

「1行キャッチコピーをつくりましょう」とアドバイスすると、「自分にはたいした実績がない」と言う人がいます。特に若い人はアピールできる実績や経験が乏しいかもしれません。

しかし、ここでは覚えてもらうこと、思い出してもらうことが大事なので、自分のキャラクターが伝わるキャッチコピーであれば問題ありません。

たとえば、「メールはその日のうちに必ず返信する○○です」であれば、律儀で仕事ができるイメージを与えることができます。「1日に20件、テレアポをしている○○です」であれば、真面目にコツコツと仕事をするイメージが伝わります。「毎日3キロのランニングを欠かさない○○です」であれば、健康的で自己管理のできる印象ですよね。**ふだんの仕事や生活から自分のキャラクターをあらわすコピーをつくってみましょう。**

オリジナルの1行キャッチコピーをつくるために、次のフォーマットの空欄を埋めてみましょう。自分だけのウリを知る上でのヒントになるはずです。

①私は「　　　　　」である（職業）

②あなたに提供できるものは「　　　　　」である（相手に役立つものは何か）

③実績は「　　　　　」である（数字を入れて具体的に）

④モットーは「　　　　　」である（あなたのこだわりを一言で）

私の場合であれば、次のように埋めます。

《ケース１》

①　私は「　ブライダル司会者　」である
②　あなたに提供できるものは「　一生涯心に残る幸せな想い出　」である
③　実績は「　司会歴20年　」である
④　モットーは「　FOR YOU 心を込めて言葉のギフトを届けます　」である

《ケース２》

①　私は「　セミナー講師　」である
②　あなたに提供できるのは「　伝える力　」である
③　実績は「　ミス・ユニバース・ジャパンの講師歴５年　」である
④　モットーは「　すべての人に伝える力を　」である

キャッチコピーをつくるときの注意点は、長くなりすぎないこと。たとえば、「いつも前向きで元気、ちょっぴりおっちょこちょいだけど、チャレンジ精神では誰にも負けない○○です」だと、情報が多すぎて、結局どんな人だか伝わりません。長くても、一息で言えるくらいの長さにしましょう。

注意点がもうひとつ。あとで説明が必要になるようなコピーは、逆効果になるということです。たとえば、「Ｗｅｂプランナー兼クリエイティブディレクターをしている鈴木です」というように仕事の肩書きをそのまま使うと、ＩＴ業界以外の人はまったくイメージがわきません。結果、どんな仕事をしているか、さらに説明をしないといけません。この場合、「アクセスが１００倍になるホームページをつくる仕事をしている鈴木です」と噛み砕いて言ってあげたほうが、誰でもイメージがわきますよね。

あなたのキャラクターやセールスポイントを1行で表現してみましょう。インパクトがあると同時に、具体的なイメージがわくキャッチコピーをつくれば、わずか数秒で聞き手の興味を引くことができます。

結論は冒頭にもってくる

「20秒で伝えることが大事」と言ってきましたが、当然ながら世の中には20秒だけで伝えられることばかりではありません。

結婚式のスピーチは約3分話しますし、会合でのあいさつやスピーチ、会議での発言、プレゼン、商談などはもっと長い時間、話さなければなりません。

しかし、人に何かを伝えたいのであれば、時間の長短に関係なく20秒を意識すべきです。

なぜなら、**人は最初から最後まで同じ集中力で話を聞いてくれるとはかぎらない**からです。たいていは、話が長くなればなるほど集中力を欠いていくものです。

ですから、3分のスピーチでも、5分のプレゼンでも、最初の20秒が勝負。冒頭の最も聞き手の集中力が高いときに、いちばん言いたいことを伝える必要があります。

たとえば、商品のプレゼンの持ち時間が5分だとします。このときも、最初の20秒に商品のいちばんの魅力となるポイントを示します。


「本日は、新商品の缶コーヒー『〇〇〇』を紹介いたします。

この缶コーヒーの最大のセールスポイントは、『ランチ専用』であることです。

私たちが実施したアンケート調査によると、オフィスでコーヒーが最も飲まれているのは、ランチタイムの直後、13〜14時であることがわかりました。

食後でも胃に負担をかけずに飲めるライト感を実現すると同時に、コーヒーそのものの風味も最大限に引き出したのが特徴です。

この新商品は第3四半期で〇億円の売上が期待できる重点商品になりますので、ぜひみなさんのご支援をお願いいたします」


このように新商品のいちばんの魅力を先に伝えたうえで、詳細について説明していくのです。こうすることで、最も伝えたいことが明確になりますし、聞いているほうも「結論はまだか」とやきもきすることもなくなります。**話す時間が長くなればなるほど、最初に最も伝えたい結論を述べることが大切です。**聞き手の集中力は持続しないからです。「**結論は冒頭で、詳細はあとで話す**」をベースにすると、あの人は伝えるのがうまいという評価につながります。

20秒トークのフォーマットを活用する①――PRP法

20秒トークには、フォーマットとなる基本形が2つあります。**PRP法**と**SDS法**です。

まずは、PRP法から。「Point + Reason + Point」の頭文字をとったもので、「**ポイント+理由+ポイント**」の順番で話の内容を組み立てるのです。

話し方の本では、「PREP法」(Point + Reason + Example + Point) がよく紹

介されていますが、20秒という短い時間だと、Example（例）を組み入れるのは無理があります。そこで、私はより短く簡潔に伝えられるＰＲＰ法をおすすめしています。

特にＰＲＰ法は、面接やプレゼンなど相手を説得したり、気持ちを動かしたい場面などで活用できます。まずは例文を見てみましょう。

【例文①】

「私の長所は、この笑顔です。（P）

なぜなら、どんなに泣きわめている赤ちゃんでも、私の笑顔を見ると、必ず泣きやむからです。（R）

だから私は、この特技を活かし、笑顔を届けられる立派な保育士になりたいと思っています（P）」（約16秒）

【例文②】

「私の長所は、責任感が強いところです。(P)
小学生の頃から少年野球で活躍し、中高の部活では主将を務めました。現在の営業の仕事では、一度購入してくださったお客様はとことんアフターフォローすることをモットーに、顧客指名率ナンバーワンを達成しています。(R)
このように責任感の強さには自信があります。(P)」(約20秒)

PRP法では、**冒頭で「いちばん伝えたいポイント」を述べます。**短い時間で言いたいことを伝えるには、最初にいちばんのポイントをもってくるのが効果的です。

次に、最初のポイントを裏づける「理由」を述べます。なぜ、そう言えるのか根拠をあきらかにするのです。

そして最後に、もう一度、ポイントとなる主張を繰り返します。「ポイントを繰り返すのはくどいのでは?」と疑問をもつ人がいるかもしれませんが、これには大切な狙いが2つあります。

ひとつは、**ポイントとなる主張で締めると、着地点が明確になり、話がまとまり**

ます。逆にポイントで終えないと、話が終わったのか、まだ続くのか、聞き手は判断しにくい。話をまとめることは、聞き手への親切心のあらわれでもあるのです。

もうひとつは、自分の主張したいポイントが明確に伝わることです。20秒の冒頭と最後で2度ポイントを言うことによって、聞き手は「これが言いたいのか」と理解できます。例文①と②では、それぞれ「笑顔」と「責任感」がポイントであることが明確になっています。

冒頭でポイントを述べても、聞き手がいちばん重要な主張だと認識できない場合があります。聞き手の集中力はまちまちですし、最後の言葉が印象に残りやすいので、冒頭の主張が忘れられてしまうこともあります。

話し手が伝えたつもりになっていても、それが聞き手に正確に伝わっていなければ、本当の意味で「伝わった」ということにはなりませんし、一度言ったからといって、相手に伝わったとはかぎりません。しつこいくらい繰り返し言うことで、初めて伝わるケースが多いのです。20秒という短い時間で、主張したいポイントを繰り返すことで、確実に相手にメッセージを届けることができます。

何が言いたいのかが明確でないと、聞き手はあなたの話に興味をもってくれません。興味をもってもらえたら、相手から質問が飛んでくるはずです。

例文①であれば「どんなふうに子どもをあやすんですか？」、例文②であれば「野球部の主将を務めて得たことはありますか？」「顧客へのアフターフォローとは、どのようなことをしているんですか？」などと質問されるでしょう。

そうしたら、「たとえば……」といって、例を出して、詳細に説明するのです。すでに聞き手は興味をもってくれているので、少々話が長くなっても耳を傾けてくれます。何を伝えたいのかが曖昧な状態でエピソードをくわしく話しても、聞き流されてしまう可能性があります。だからこそ、まずは伝えたいポイントをはっきりさせることが大事なのです。

20秒トークのフォーマットを活用する②——SDS法

20秒トークのフォーマットの２つめは、SDS法です。これは、一般的にプレゼンやスピーチでよく活用されていますが、20秒トークでも活用できます。

SDSは、「Summary + Detail + Summary」の頭文字で、「**要約（ポイント）＋詳細＋要約（ポイント）**」の順番で話を組み立てます。すでに気づかれていると思いますが、SDS法もPRP法と同様に、主張したいポイントを冒頭で述べて、もう一度、ポイントで締めくくる話法です。理由（Reason）の代わりに詳細（Detail）を述べるだけで、基本的には同じものです。

いちばん伝えたい重要なポイントを最初と最後で繰り返すことによって、聞き手に伝えたいことを明確にしています。そうすることで、聞き手は話を理解し、重要なポイントを覚えやすくなります。

ＳＤＳ法は、自己紹介や商品ＰＲなどの場面で使いやすいフォーマットです。

【例文①】
「今日おすすめしたいのはサイクロン式掃除機の〇〇〇（商品名）です。（S）
こんなにコンパクトなのに、吸い取る力は3倍！　しかもコードレスだから使いやすい。ゴミ捨ても簡単ポンで、スイスイお掃除がはかどります。（D）
ふだん使いに便利な〇〇〇、自信をもっておすすめします。（S）」（約18秒）

【例文②】
「こんにちは、佐藤まみです。（S）
『すべての人に伝える力を！』をモットーに、話し方講師の活動を始めて10年。（D）
あなたの魅力を引き出すのが得意な佐藤まみをよろしくお願いいたします。（S）」（約15秒）

例文①では、セールスしたいサイクロン掃除機について触れてから、掃除機のアピールポイントを並べています。そして、最後に掃除機の商品名とともに、自信をもっておすすめすることを伝えています。

例文②では、自己紹介の場面で、自分の名前を覚えてもらうことが目的なので、冒頭と最後で、自分のフルネームを繰り返し述べています。

ＰＲＰ法とＳＤＳ法に共通するのは、**最初と最後で、いちばん伝えたいことを繰り返し述べている**ということです。これは、さまざまなシーンで活用できるので、この２つの基本形に沿って話すクセをつけておくと、ここぞという場面でも支離滅裂にならず、的確に話をまとめることができます。

数字や固有名詞を取り入れる

相手の記憶に残る話をしたいなら、数字や固有名詞を活用すると効果的です。

たとえば、「ブライダル司会をしている佐藤まみです」と言うのと、「ブライダル司会歴20年の佐藤まみです」と言うのとでは、相手に与える印象が異なります。

「ブライダル司会」と言っても、「そうなんだ」と思う程度でしょう。一方、「司会歴20年」という数字を聞けば、「20年も続けているということは、実績のあるベテランだな。司会のスキルも信頼できそうだ」と相手は勝手に想像してくれます。**「20年」という数字を入れただけで、相手のイメージを膨ませ、信頼を得ることができるのです。**

ミス・ユニバースの出場者も最初は「学生時代はボランティアに取り組みました」

というように、ざっくりとした情報だけを伝えがちですが、ビューティーキャンプを終えたあとでは、「学生時代の3年間で、10カ国でボランティア活動をしてきました」と具体的にアピールできるようになります。どちらにインパクトがあるかは、言うまでもありませんね。

面接試験でも、数字を入れると効果的なアピールにつながります。たとえば、「学生時代はバスケットボールをしていました」と言うよりも、「3年間バスケットボールに打ち込み、合計150試合に出場し、1248得点の記録を残しました」と伝えたほうが、一生懸命にバスケットボールに打ち込んできたことが伝わりますし、記憶に残りやすいでしょう。

固有名詞を入れるのも有効です。たとえば、「私は東京のIT企業で働いています」と言うよりも、「私は六本木ヒルズにオフィスを構える○○という会社で働いています」のほうが聞き手は具体的なイメージがわきます。東京を一望できる高層ビルでバリバリ仕事をしている光景が浮かんでくるのではないでしょうか。

「会社員をしています」では、ほとんど記憶に残りません。しかし、「経理一筋25年、

××社で働いている〇〇〇〇です」と数字や固有名詞を取り入れることで、一気に記憶に残りやすい人物になれます。

スピーチは「前ふり→本題→後じめ」

スピーチや自己ＰＲなどの場面で、短く的確に伝えるにはどうすればいいでしょうか。基本形は「**前ふり→本題→後じめ**」です。もちろん、ＴＰＯによってアレンジする必要はありますが、この３ステップはさまざまなケースに応用できますし、この型を身につけると、とっさの場面でも言葉につまることなく、うまく伝えられます。

前ふりで最もオーソドックスなのは、自己紹介です。自分が何者であるかを伝えます。

「佐藤まみです。話し方講師として活動しています」

ここでのポイントは、**フルネームを名乗る**ことです。自己紹介をするときに、名字だけを伝える人が多いですが、**名字だけだと記憶に残りにくいものです。**私の場合、「佐藤」は日本で最も多い名字ですから、「佐藤です」と名乗っても、あとで「名前なんだったっけ?」と思われてしまいます。

せっかく自己紹介をするなら、名前を覚えてほしいですよね。名前を知らないまま人間関係が深まることはありえませんから、コミュニケーションの一歩として名前を覚えてもらうことは大事なことです。

また、**フルネームで名乗ると、相手に丁寧で誠実な印象を与えることもできます。**名字だけで済ませている人は、次回からフルネームで自己紹介をしてみましょう!それだけで相手の印象が変わるはずです。

本題に入る前に場の雰囲気をつくるのも前ふりの役割です。話すのが上手な人は、前ふりで、クスッと笑えるような話をして、場をなごませてから本題に入ります。たとえば、ある政治家は講演会の会場に高齢者が多いのを見て、こんな話をし始めました。

「今日、リニアモーターカーのニュースが新聞の一面を飾っていました。といっても、この会場には私も含め実際に乗れる人はほとんどいないようですが……」

こんなブラックジョークで会場の笑いをとってから、「今日はそんな遠い未来の話ではなく、もっと現実的な未来の行政の話をしたいと思っています」と言って、本題に入っていきました。このようにタイムリーなネタを題材に前ふりをつくることができれば、スピーチの上級者です。

ただし、みなさんにも、場をなごませるようなウィットにとんだスピーチに挑戦してもらいたいですが、慣れない人が勢いで笑いをとりにいくと、自爆してかえって場の雰囲気が悪くなってしまうことがあります。

多くの人が共感したり、クスッと笑えたりするネタを話すのは簡単ではありませんが、日頃からちょっとしたトレーニングをしておくことで、話の引き出しは増えていきます。

私がおすすめしているのは、**定期的に最近気になっていること、おもしろかったことを最低10個箇条書きにする**ことです。ささいなことでもかまいません。

「先週大阪出張で食べた、たこやきがおいしかった」
「最近、台風が連続して発生している」
「以前から会いたかった○○さんに会った」……などなど。

もちろん、そのままではネタにはなりませんが、こうして日頃の出来事や考えていることを意識して書き出すようにすると、それらの情報が結びついて、スピーチやトークの際に引き出すことができるようになります。ぜひ週に1度でもいいので、実践してみてください。

そして、先ほど書き出したリストを友人や家族に見せて、「この中で聞きたい話はどれ?」と尋ねてみてください。そして、選ばれた話材を実際に話してみましょう。

この段階でオチをつける必要はなく、話し切れることが大切です。ここで重要なのは、自分が話したいことと、相手が聞きたいことは違うことがあるということです。これを繰り返すことで、聞き手が興味のある話を絞り込み、実践で使えるネタが生まれます。

実はこれ、喜劇王のチャールズ・チャップリンが行っていた話し方上達法です。彼は、実際には内気な性格で、人前で話すのが苦手だったと言います。しかし、この方法で話術を磨き、多くの人の笑いを誘ったのだそうです。

「前ふり」で感謝の言葉を伝える

ユーモアのある話には自信がないという人には、**前ふりで「感謝を伝える」**というパターンをおすすめします。スピーチが上手な人は、冒頭でその場の主役である人を気遣い、感謝の言葉を伝えます。

「今日は○○さんのご尽力のおかげで、このようなステキな場を設けていただけました。○○さん、ありがとうございます」

このように前ふりで伝えることで、「礼儀正しい」「気遣いができる」「信用できる」といった印象を与えることができます。

「気遣いができている」という意味では、ＡＫＢ48の指原莉乃さんのスピーチは秀逸でした。２０１７年のＡＫＢ48の総選挙は悪天候のため開票イベントが中止になり、無観客の屋内施設で開票が行われました。このとき、1位になった指原さんは、スピーチの冒頭でファンのみなさんへの感謝の言葉を述べたあと、こんな話を続けました。

「今回沖縄でのコンサート、そして開票イベントが中止になってしまったこと、天候のこととはいえ、『6月に野外で……』ということに無茶があったと思います。本当に申し訳ございませんでした」

他のメンバーが悲喜こもごものスピーチをする中、彼女とAKB48グループ総監督の横山由依さんだけはイベントを楽しみにしていたファンを気遣うコメントを伝えました。こうした気配りができるからこそ、彼女は3年連続で総選挙1位の座を射止めたのだと、私はテレビの前で感心していました。

プレゼンや商談の席でも、「今日は貴重な時間をいただき、ありがとうございます」とひと言伝えるだけでも好印象につながり、「この人の話を聞いてみよう」と聞き手の態勢も整います。

ちなみに、AKB総選挙は、自己PRやスピーチの教材としてとても参考になります。「この子のスピーチは心に響くものがある」「あの子のスピーチは、感情的で言いたいことがよくわからない」などと分析しながら見ていると、ファンとは異なる目線で楽しめます。ぜひ、次回の総選挙に注目してみてください。

その場にいる全員の共通点を見つける

その場にいる全員の共通点を見つけることも「前ふり」として有効です。クッションとなる話題を振って、場の雰囲気をつくってから本題に入ったほうが、耳を傾けてもらうことができます。

前ふりでよく使われるのが、**「共通点」を見つけて、それについて触れること**です。その場にいる全員が関係している共通点について触れると、共感を得ることができます。

たとえば、**現在いる場所**も共通点のひとつ。

「今日、初めて六本木ヒルズに来ました。とても眺めのよいステキな会場で少し舞い上がっています」。参加者全員が今、六本木ヒルズにいることはまぎれもない事実ですから、それにまつわるエピソードを披露することによって、参加者の一体感を醸し出すことができます。

そのほか、よく使われる共通点は以下の通りです。

- 季節「新緑の季節ですね。この時期は空気が新鮮に感じられて、外に出たくなりますね」
- 天気「今日もいい天気に恵まれました。この会に参加するときは、不思議といつも快晴。みなさんの中にきっと晴れ男、晴れ女がいらっしゃるはずです」
- ニュース・社会情勢「今日からちょうど1年後は東京オリンピックだそうです」
- 地元ネタ「昨日の夜、到着して、すぐに名物のひつまぶしをいただきました。初めて食べましたが、とてもおいしいですね」

ここでのポイントは、**マイナスの情報は避ける**こと。たとえば、「今日はあいにくの天気ですね。私、雨女かもしれません」「昨日は○○さんの不倫報道で持ち切りでしたね。ファンだったので残念です」といったマイナスの情報は、笑いに転化できるようなトーク術の持ち主でないかぎりは持ち出してはいけません。その場が暗い雰囲気になりますし、あなたに対する印象もネガティブなものになってしまいます。

「後じめ」は前向きな印象で終える

前ふりが終わったら、「本題」に移ります。与えられた時間にもよりますが、本題といえども、自分が最も言いたいことを簡潔に伝えるのが基本スタンスです。81ページで紹介したPRP法やSDS法といった20秒トークの型をベースに話を組み立てていきましょう。

本題を話し終わったら、「後じめ」で話を終えます。**「これで私の話はおしまいです」ということをはっきり言葉にしないと、聞き手は話が終わったのかどうか判断できず、間の抜けた終わり方になってしまいます。**

「終わりよければすべてよし」という言葉がありますが、逆をいえば、終わりがよくないと、悪い印象が残ってしまいます。最後に「後じめ」の言葉で終わらせることで、すっきりとさわやかな印象を残すことができます。

このように人は、**最後の印象をよく覚えている**ものです。これを「**親近効果**」と言いますが、いくら第一印象がよくても、最後の印象が悪いと、最初の好印象も半減してしまいます。

とはいっても、難しいことを言う必要はありません。ひと言でも十分です。プレゼンやスピーチであれば、

「今日はお時間をいただきありがとうございました。佐藤まみでした」
「またお目にかかれれば幸いです」
「私の話は以上になりますが、興味をもたれた方はＳＮＳでつながっていただけるとうれしいです」

といったオーソドックスな終わり方でいいでしょう。無理して気の利いたことを言う必要はありません。できれば、「またお目にかかりたい」「今後もよろしくお願いします」といった未来につながる言葉で締めくくれば、前向きな印象を残すことができます。

後じめで気をつけたいのは、そっけない言葉で締めくくらないことです。たとえば、「私からは以上です」と話を終える人をよく見かけます。何のメッセージもなく突然終わるよりはましですが、聞き手には冷たい印象を与えてしまいます。この場合も、「私からは以上ですが、またお会いできるのを楽しみにしています」というように、未来につながるような言葉を添えたほうが印象はよくなります。

小学生でもわかるような言葉を選ぶ

人前で話をするとき、「よく見られよう」という気持ちが過剰に働いてしまう人がいます。そういう人は、難しい言葉や専門用語などを使う傾向があります。

たとえば、「シュリンクを続ける業界の中で、当社はドラスティックなストラテジーをディシジョンする必要性に迫られています」と説明されても、多くの人は頭の中にクエスチョンマークが浮かび、それ以降の内容が入ってきません。わからない言葉があると、人はそれが気になって、それ以降の内容を集中して聞くことができなくなってしまいます。

私も先日、打ち合わせをしているとき、「佐藤さん、リスケできますか？」と言われて、思考がストップしてしまいました。前後の会話で、「スケジュールを変更すること」だと察することができたので事なきを得ましたが、自分が知らない言葉を使われると、相手はドキドキとするものです。

あなたが何かを伝えたいなら、相手をそんな気持ちにさせてはいけません。**相手が理解できる言葉で話すことが大原則です。**先の例でいえば、「縮小を続ける業界の中で、当社は抜本的な戦略を決断する必要性に迫られています」のほうが、多くの人に伝わるでしょう。

身内や同じ業界内であれば専門用語を使っても問題ありません。たとえば、ブライダル業界では、「司会打ち合わせ」を「しうち」、「フラワーシャワー」を「フラシャ」、「ブライダルフェア」を「ブラフェ」と略すことがあります。こうした専門用語は、仲間内であればコミュニケーションを円滑にしてくれます。

しかし、**業界外の場面では、小学生でもわかるような言葉を選ぶべきです。**難しい専門言葉を使ったところで、あなたの評価が下がることはあっても、上がることはありません。相手が言葉の意味を理解できなければ、せっかくあなたや商品に魅力があっても十分に伝わりません。それは、もったいないですよね。

小学生でもわかるように話すということは、相手の立場になって伝えるということです。伝える力が高い人は、「どのように言えば、相手が理解しやすいか」を常に意識しています。たとえば、もしあなたがブライダル司会者だったら、結婚式の会場にゲストのみなさんが入ってきたとき、どのように案内をしますか？「みなさま、どうぞご着席ください」でしょうか？　悪くはありませんが、ゲストのみなさんは少し戸惑うでしょう。なぜなら、どこに座ればいいかを伝えていないからです。

正解は、「お手元の席次表と、テーブルの席札を確認してご着席ください」です。このように案内すれば、ゲストのみなさんはスムーズに着席できます。

乾杯をするときも、司会者の案内として、「グラスを持って御起立ください」とは言いません。グラスを持ちながら立ち上がると飲み物をこぼす可能性があり、危ないからです。

「御起立いただいてグラスをお持ちくださいませ」とコメントします。本当に些細なことですが、お客様の立場を考えながら、そのとき、その場所で最もふさわしい言葉を届ける配慮をしています。

また、自分が知っていることを相手も知っているとは限りません。たとえば、初対面の人に「私が仕事をしているときに、あるお客様と出会いました」といきなり言われても、何の仕事をしていたかを知らないと、クエスチョンマークが頭に浮かんで、話に集中できません。「私は空港でフロント業務についています。そのとき、すてきなお客様に出会ったのです」と説明する必要があります。

特に商談やプレゼンでは、相手が知っている前提で話していたら、実は知識がゼロだったということもよく起きています。**知識がゼロの人でもわかるように話すのが大事なのです。**

伝える力がある人は、相手の立場になって話せます。一方的に自分の話したいことを、独りよがりの表現で伝えていないか。「相手がわかってくれない」と嘆く前に、自分の伝え方に問題がなかったか見つめ直してみてください。

第 4 章

あなたを
魅力的に見せる
話し方の技術

話し上手は「オノマトペ」を駆使している

話が上手な人は「**オノマトペ**」を駆使しています。オノマトペとは、「擬声語」を意味するフランス語で、擬音語と擬態語の総称です。

擬音語は、モノが発する音や声を真似た描写したもので、「ドカーン」「パリーン」「ニャー」などが該当します。

擬態語は、状態や心情など音のしないものを表す言葉で、「デレデレ」「ドキドキ」「ニヤニヤ」「ホッカホカ」などがそうです。

オノマトペは五感に訴える言葉なので、**伝える内容に臨場感をプラスすることができます。**その証拠に、子ども向けの昔話や絵本には、オノマトペが多用されています。たとえば、桃太郎の昔話にはこんな文章があります。「おばあさんが川で洗濯をしていると、『ドンブラコ、ドンブラコ』と、大きな桃が流れてきました」「おじいさんとおばあさんが桃を食べようと『パカーン』と桃を切ってみると、元気の良い男の赤ちゃんが飛び出してきました」。このようにオノマトペの入った文章は、イキイキと臨場感のある表現になります。仮に「ドンブラコ、ドンブラコ」「パカーン」といった表現を抜いてしまうと、一気に味気のない文章になってしまいますよね。

自分が話すときにも、オノマトペを積極的に活用することをおすすめします。たとえば、プレゼンで「売上がグングンと上がります」「社員の表情がキラキラとし始めます」と**オノマトペを取り入れると、聞き手の五感に訴えることができます。**

状況にふさわしい言葉を選ぶ

人前で話すとき、用意した原稿やメモを見ながら話すことがあります。そのときよくある失敗が、**原稿通りに話して、状況にふさわしい言葉を選べない**ことです。

新人さんがブライダル司会をすると、練習通りに進行することに夢中で、フレキシブルな対応ができないことがあります。たとえば、ケーキカットのあとで、新郎新婦が切り分けたケーキを互いに食べさせあう「ファーストバイト」という演出があります。セオリー通りだと、ファーストバイトのあとに司会者は「すてきな2人をカメラに収めてください」とコメントします。

このとき、新郎がわざとケーキに顔を突っ込んで、顔面が生クリームだらけになったとしたら、どうでしょう。慣れていない司会者だと原稿通りにコメントすることに精いっぱいです。しかし、経験を積んだ司会者だと「生クリームが新郎の顔にべったりくっついています。さらに男前になられた新郎を写真に撮ってください」といったコメントをすることができます。このように状況に合わせて臨機応変に伝えられれば、場は盛り上がります。

状況に合わせた言葉を選ぶことの大切さは、プレゼンやスピーチなどの場でも同様です。練習通りに原稿を読み上げるような話し方だと、どうしても硬い印象になってしまい、キャラクターも垣間見えません。**原稿通りに話すことも大切ですが、状況に合わせて言葉を足したり引いたりすることで、場に臨場感が生まれます。**

たとえば、新商品のプレゼンの場で、商品サンプルを見せたとき、クライアントから「おぉ、デザインがいいね」という声があがったとします。このとき、それをスルーして説明を続けるよりも、「ありがとうございます。そのデザインは消費者アンケートでも人気が高かったものです。デザインについてもあとでくわしく説明させていただきます」とリアクションをしたほうが、場の一体感が高まりますし、クライアントには好印象を与えられます。

「せっかく練りに練った原稿だし、何度も練習したから、原稿通りに言いたい……」という気持ちはわかります。しかし、**その場の状況に適していなければ、それは独りよがりで、場違いの言葉になってしまいます。**

その場にふさわしい言葉を選ぶには、**状況をよく観察しておく**必要があります。下を向いて原稿を読み上げているだけでは、聞き手の反応や状況の変化に対応することができません。**顔を上げて、聞き手に視線を送ることが重要なのです。**

話が上手な人は、アドリブが利きます。突発的な事態にもユーモアをまじえて当意即妙に話すことができたら、かっこいいですよね。アドリブが利く人もよく、まわりを観察しているものです。

ある披露宴での出来事です。

新郎の上司がスピーチをすることになっており、その上司は事前に原稿を用意していました。そして、マイクの前に立つと、「原稿をつくってきたけど、もうこんなのはいらない」と言って、原稿をポケットにしまいました。

というのも、披露宴の前に行われた教会式での誓いのキスのとき、新郎が突然、巨大なくちびるのおもちゃを取り出して、会場が爆笑に包まれたからです。上司は、そんな会場のくだけたムードを察知して、「真面目な話をしようと思って原稿を用意してきたけれど、新郎の○○くんには、そんな真面目な話は似合わないな」と言って、新郎のユニークなキャラクターをいじるようなスピーチにその場で変更したのです。

披露宴の会場はさらにアットホームな雰囲気になったのは言うまでもありません。

そのまま上司が真面目な原稿を読み上げていたら、きっと楽しい雰囲気に水をさす結果になっていたに違いありません。まさに、臨機応変なアドリブが功を奏したといえます。

私自身、それほどアドリブは得意なほうではありませんでしたが、まわりの反応をよく観察することによって、その場に合わせたアドリブが多少は言えるようになりました。

たとえば、セミナー講師として自己紹介するときに、「私は日本一暑い街、岐阜県の多治見市からやってきました」と自己紹介すると、会場が少しざわついたり、ニヤッとする人があらわれたりします。そういうときは、そのままスルーせずに、「本当に暑いんですよ。最近は暑さを逆手にとって、『日本一暑い街』として町おこしをしているんですよ」など、小ネタを披露します。聞き手を観察し、微妙な変化を逃さずにリアクションすることによって、ちょっとしたアドリブになります。これなら、それほどむずかしくないですよね。ぜひ試してみてください。

相手のメッセージを見逃してはいけない

少人数の商談や会議、打ち合わせなどでも相手を観察しながら話すことが大切です。

ブライダル司会の仕事で、新郎新婦と打ち合わせをするとき、たいていは新婦の主導で話が進んでいきます。しかし、ときどき新郎が口をもごもごしたり、すぼめたりするなど不服そうな表情をすることがあります。そうしたサインを見逃さずに、私は「何か心配されていることはありますか?」と質問します。すると、「この演出は恥ずかしいからいらない」「もっと写真撮影の時間をとってほしい」といった要望が出てくることがあります。

あなたにも経験があると思いますが、「本当は言いたいけれど、わざわざ口を挟むほどではないから、黙っていよう……」というケースは少なくありません。**こうした小さな不満は、必ずメッセージとして顔の表情や態度にあらわれます。それを見逃してはいけません。**自分は言いたいことを伝えたつもりでも、実は、相手はストレスを抱えていた、という事態になりかねません。

目と目がよく合う、笑顔でうなずきながら聞いてくれているのであれば、あなたの話に興味をもってくれている証拠です。

しかし、反対に相手が目を合わせない、目線が下がりっぱなし、あるいは口数が少ない場合は、他のことを考えていたり、話に興味がなかったりする可能性があります。その場合は、別の話をしたり、相手に質問してニーズを探ったりする必要があります。

相手を観察しながら話すことにより、その場にふさわしい対応をとることができるのです。くれぐれも手元の資料に目を落とした状態で話し続けないように。ときどき目線を上げて、目の前の相手を観察しましょう。

気遣いの基本は「相手目線」

あなたの周りにも気遣いが行き届いた人がいるのではないでしょうか。周囲の人に自然と気遣いができる人って素敵ですよね。

そうした人たちに共通していることがあります。

それは「**自分から話しかけている**」ということ。


自分自身が話し下手と思っている人たちは、

- 「今、話しかけたら迷惑じゃないかな」
- 「自分から声をかけるのは恥ずかしいな」
- 「断られたらイヤだな」

なんて思ってしまいがちです。つまり、話しかける相手に対して必要以上に気遣いをしてしまっているのです。これではストレスがたまる一方でしょう。

一方で気遣いができる人は次のように考えています。

- 「楽しい時間をすごしてほしい！」
- 「何か一緒にお話ししませんか？」
- 「どんなお仕事している方なのかな？」

話し下手な人と、気遣いができる人、この違いがわかりますか？

気遣いができる人は、相手目線で考えているのです。

一対一で話すにしても、スピーチやプレゼンのように一対多で話すにしても、言葉を相手に投げかける以上、言葉は思いやりのかたまりであるべきです。

これは気遣いでも同じこと。

「今相手が求めていることは何かな」

「どんな言葉をかけたら喜んでくれるかな」

「今、相手が興味を持っていることはどんなことかな」

物事を消極的にとらえるのではなく、プラスの考えで相手に言葉を投げかけると、自分の印象もよくなります。必要以上の気遣いをしてしまう人は、「相手目線」での考え方に変えてみましょう。

大切なのは、自己中心的に考えるのではなく、相手の目線で考えることなのです。

２０１７年にアメリカ合衆国大統領に就任したトランプ大統領の就任演説も、相手目線という視点から見ると、とても興味深い内容でした。

日本時間では深夜に行われたこともあり、眠気を堪えながら演説を聞いていた私は、あることに気が付きました。

「あれ？　なんて言っているかよくわかる！」

そう、彼はとても簡単な英語で話していたのです。

カーネギー・メロン大学の言語科学研究所の調査によれば、トランプ氏の英文法は小学6年生レベルというのです。

ここから、多くの人の心に残るように話す極意がわかります。それは、**相手から好かれる言葉は必ず相手目線に立った「シンプル」な言葉であるということ。**第3章で、小学生でもわかる言葉を選ぶことについてお話ししましたが、そのためには、「相手目線」が欠かせないのです。

語彙力は「五感」を駆使することで高まる

短い時間で記憶に残る話をするには、語彙力も必要です。ありきたりな言葉や決まりきった慣用句ばかり使っていたら、伝え方に個性が生まれません。個性がないということは、相手の記憶にも残りにくいことを意味します。**難しい言葉を使う必要はありませんが、さまざまな表現をストックしておくことで、ＴＰＯにふさわしい言葉で、なおかつ自分らしいイキイキとした表現を選択することができます。**

語彙力を増やすための王道は、本を読み、文章を書くことです。気に入った言葉や表現をメモし、実際に使ってみる。活字に触れることで、「使える語彙」は増えていきます。ですから、回り道に感じるかもしれませんが、ぜひ本をたくさん読んでください。

しかし、「本を読んでください」と言うと、「もっと簡単な方法はないですか？」という顔をされるのも事実です。

即効性という意味では、「**知っている言葉をフル活用する**」ことも語彙力を高める方法のひとつです。頭の中に言葉のストックはたくさんあっても、日常的に使っている言葉はいつも同じではないでしょうか。

たとえば、感動する映画を見たとき、「すごかったね！」というひと言で済ませていないでしょうか。「胸が熱くなった」「心を打たれた」「胸にしみた」「心にジーンときた」「胸がいっぱいになった」「涙が止まらなかった」など、感動にもいろいろな表現があります。どれも知らない言葉ではないですよね？　ふだんから使っていないから、いざというときに出てこないのです。

ですから、ふだんから「すごい」「かわいい」「すてき」という言葉だけですまさずに、**さまざまな表現で言い換える**ことを意識してみてください。これを続けていると、使える語彙が増えて、表現力も豊かになっていきます。表現が豊かになれば、自分が言いたいことを伝えやすくなるはずです。

最近はスマホの普及で頻繁にメール送信のやりとりが行われています。メールを送るときにも、気をつけたいことがあります。

絵文字に頼りすぎていませんか？

絵文字やスタンプはそれだけで喜怒哀楽を表現でき、また送られたほうもわかりやすくてとても便利ですが、あまり頼りすぎると語彙力の低下に結び付くような気がしてなりません。**ぜひ自分自身の心と向き合い、頭で考えながら、相手に向けて絵文字ではなく文字で気持ちを届けることを習慣にしてみてください。**

頭の中にある語彙をフル活用する方法をもうひとつ紹介しましょう。
それは、**五感を駆使して表現することです。**

たとえば、アナウンサーが食べ物のレポートをするとき、「おいしい！」だけでは、その味は伝わりませんよね。しかし、五感（視覚、聴覚、嗅覚、味覚、触覚）で感じたことを言葉にすれば、さまざまな角度からおいしさを表現することができます。
たとえば、ステーキ店で肉を食べるとき、五感で表現するといろいろな言葉が出てきます。

- 視覚：「サシがまんべんなく入っている」「私の顔よりも大きい」など
- 聴覚：「じゅうじゅう焼ける音に食欲を誘われる」など
- 嗅覚：「焼くと香ばしい」「甘いソースの香りがいい」など
- 味覚：「肉汁の味に深みがある」「脂の甘さが最高」など
- 触覚：「口の中で溶けてなくなった」「歯ぐきで噛めるくらいやわらかい」など

このようにステーキのおいしさを表現する言葉はたくさんあるはずです。「いつもおいしいを連呼してしまう」という人は、五感がどう感じているか、細分化してみると、次々と言葉が出てくるはずです。

話の瞬発力が高まる「……といえば」連想法

ボキャブラリーを増やす方法として、私が講義やセミナーの受講生におすすめしているのが**「……といえば」連想法**です。やり方はカンタン。一種の連想ゲームです。「夏といえば花火、花火といえば浴衣、浴衣といえば祭り、祭りといえば屋台、屋台といえばお好み焼き……」というように関連する言葉をリズムよくつないでいくのです。

実際にセミナーや研修で実践してもらうと、語彙が少ない人は3つくらいで言葉が出てこなくなってしまいます。しかし、アナウンサーなど話し方のプロが連想ゲームをすると、いつまでも続けることができます。

ふさわしい言葉をすぐに思いつくかどうかは、ふだんのコミュニケーションにも大きく影響します。連想が得意な人は、表現が豊かなので聞いている人も飽きませんし、会話も弾みます。

また、とっさの場面でもすぐに適切な言葉が出てきます。ブライダル司会でも予定外のトラブルに見舞われたときが腕の見せどころです。たとえば、機械の不具合で会場に流していた映像や音声が途切れてしまった場合、司会者は黙ることは許されません。スタッフが機械を直してくれるまで、会場のみなさんを不安にさせないよう、言葉をつなぐ必要があります。このときもとっさにどれだけ言葉が出てくるかが問われます。

まずは、ゲーム感覚で「……といえば」連想法を試してみてください。長く続くようになると、ふだんのコミュニケーションでもプラスの効果を実感できるはずです。

「実況中継」で会話力はアップする

日々の出来事を「実況中継」することも語彙力や対話力を磨くことにつながります。ラジオ局のアナウンサーだったとき、私は毎日生放送で街の話題などをレポートする仕事をしていました。ラジオの生放送なので、沈黙が続いてしまったら、放送事故と勘違いされてしまいます。アナウンサーは話し続けなければなりません。

たとえば、お店のレポートをするときは、店内の雰囲気や装飾にはじまり、メニューの内容、料理の見た目や味の感想など、目に入るものは、なんでも言葉で表現していく。店員さんやお客さんがいれば、インタビューをします。プレッシャーのかかる仕事でしたが、毎日生放送でレポートしていたおかげで、今ではどんな状況でも言葉を紡ぐことができるようになりました。

そこで、みなさんにおすすめしたいのは、日常生活の一場面を「実況中継」することです。

「六本木ヒルズにやってきました。下から見上げると、圧倒される高さです。最上階は何階なのでしょうか。六本木ヒルズには外国人の観光客がたくさんやってきています。アジア系ばかりでなく、欧米からの観光客も多くいます。その一人がカメラを取り出し、花壇の花を撮影し始めました……」

このように目に入る風景や状況をそのまま言葉にしていくのです。3分間続けると、かなり多くの言葉を発することになります。これは、アナウンサーも取り入れているトレーニング方法ですが、よどみなく言葉が出てくるようになると、とっさの場面でも瞬時に豊かな表現で伝えられるようになります。「言葉の瞬発力」が身につくのです。自分の番組をもったつもりで、実況中継にチャレンジしてみてください。

また、フリートークの練習をするのも実況中継と同じような効果があります。私がブライダル司会のスタッフを指導するとき、突然「最近うれしかったことを3分で話してください」「おすすめのレストランを3分で教えてください」といった課題を出すことがあります。**お題に合わせて、臨機応変にフリートークをすることで、「言葉の瞬発力」は高まりますし、コミュニケーション力もアップします。**

一人でフリートークを鍛えることもできます。「この1週間で楽しかったこと」「この1週間で悲しかったこと」「この1週間で感動したこと」などのお題を書いた紙を用意しておき、ひとつランダムに選ぶ。そして、3分でそのお題について話してみるのです。2016年までフジテレビ系列で放送されていた『ライオンのごきげんよう』のサイコロトークを一人でする感覚です。もちろん、一緒にトレーニングする仲間がいれば、みんなで『ごきげんよう』ごっこをしてみても楽しいですね。

ふだんからこのような練習をしておけば、突然フリートークをしなければならないシチュエーションでも困ることはありません。

同じ表現を繰り返さない

簡潔にまとめた話の中に同じ表現が繰り返し出てくると、聞き手にはくどい印象を与えます。

たとえば、次の社内プレゼンはどうでしょうか。

「当社は売上増のために広告戦略の見直しをせざるを得ません。（中略）あわせて、ＳＮＳの活用についても検討せざるを得ないと考えています。（中略）さらには、人材教育にも力を入れざるを得ないのです」

「〜せざるを得ない」という言葉が連発されています。本人は無意識に使っているのかもしれませんが、短時間で何度も連発されると気になるものです。場合によっては、「ボキャブラリーが少ない」と思われかねません。
「〜せざるを得ない」の使用は一度にとどめ、「〜する必要がある」「〜しなければなりません」などに言い換えたほうがスマートです。

私もブライダル司会をするときは、2時間半の披露宴の中で同じ表現を使わないように気をつけています。たとえば、「祝福の拍手をお送りください」という表現を使ったら、次は「盛大な拍手をお願いいたします」「大きな拍手でお送りください」などと言い換えます。「祝福の」という言葉は、「お祝いの」「盛大な」「大きな」「喜びの」「おめでとうの」などと言い換えてバリエーションをつけます。それが表現力にもつながるのです。2時間半という時間の中でも同じ表現を何度も使っていると、しつこく感じられるものです。数十秒、数分のスピーチやプレゼンであればなおさらくどく感じられるでしょう。

同じ表現を繰り返さないためにも、語彙力を磨くことは大切なのです。

結果を出すために「女優」を演じる

自信をもつことの大切さは理解していても、今はまだ、どうしても自信がもてないという人もいます。そういう人におすすめしているのは、「**理想とする誰かになりきる**」ことです。

たとえば、堂々とプレゼンをしたいのであれば、アップルの創業者である故スティーブ・ジョブズ氏や前アメリカ大統領のバラク・オバマ氏、女性ならオリンピック招致で活躍した滝川クリステルさんが参考になります。人前で上品な振る舞いをしたいなら、皇室の女性をモデルにしてもいいでしょう。さっそうと、そして堂々と歩きたいなら、レッドカーペットを歩くハリウッドスターもモデルになります。

ちなみに、私がモデルにしているのは、アナウンサーの膳場貴子さんです。ニュース番組ではめったに噛むことがありませんし、臨機応変に気の利いたコメントもできます。ナレーションの声も落ち着いていてすばらしい。そして、凛としたたたずまいも理想的です。

私は、彼女が出演するニュース番組を見ると同時に、人前に立つときは彼女の伝え方をイメージしながら話します。膳場さんになりきっているつもりです。

今は、インターネットを通じて、さまざまな著名人がプレゼンやスピーチをする映像を見ることができます。**「こんな話し方をしたい」という理想の人を見つけ、その人の話し方をまねてみるといいでしょう。**声を似せる必要はないので、話すテンポや声のトーン、ジェスチャーなどを取り入れてみる。形から入るのも上達の秘訣です。

なりきるのは、あなたの自由です。ある意味、他人を演じることになるので、素の自分をさらけ出す必要はありません。

俳優やお笑いタレントの中にはふだんは物静かでも、カメラがまわると人格が変わったかのように演技やトークを始める人がいます。それは、別の人格になりきっているからです。理想とするモデルになりきることができれば、人前で話す勇気がわいてきます。**それを繰り返すことで、自信がもてるようになり、自然体の自分で話せるようになる日がやってきます。**

また、自信がなくても、多少のはったりは必要です。自信なさげな人に、仕事を頼みたいという人はいないからです。仮に、自分が手術をすることになったとき、「うまくいくかわからないですが、手術を受けてみますか？」と言う医者と、「大丈夫。全力で治療に当たります」と言ってくれる医者とでは、どちらに手術を頼みたいですか？　もちろん、後者ですよね。

仕事も同じです。「あまり経験がないのでうまくできるかわかりませんが、やってみます」と言っている人と、「ぜひ私にお任せください！」と笑顔で言い切る人だったら、多くの人は後者に仕事を頼みたいのではないでしょうか。

もちろん、無責任に仕事を受けるのはいけませんが、実際にあまり経験のない仕事でも、準備をしっかりすればなんとかなりそうなときは、ひとまず「お任せくださ い！」と言ってしまう。このように、**はったりをうまく使える人がチャンスをつかんでいます。**ほんの少しの「背伸び」も時には必要なのです。

話す前に「視線」で語る

ミス・ユニバースで評価される人は、スピーチを始める前から**存在感（オーラ）を醸し出しています。**スピーチの順番がまわってきたら、マイクの前までランウェイを歩いていくのですが、そのときもただ進行方向をまっすぐ見て歩くのではなく、審査員や観客のいる方向に顔を向けて歩きます。実際に話す前から、視線を向けて、無言で語りかけているイメージです。

「目は口ほどにものを言う」といいます。**アイコンタクトは信頼関係の証です。**好きな相手に対しては目を見て話しますよね。こちらから視線を送ることは、「あなたに興味があります」というメッセージになります。

マイクの前に立ったら、呼吸を整えながら会場をゆっくりと見渡し、審査員や観客に視線を送ります。そして、5秒ほどの沈黙。会場がシーンと静まり返ったところで、ニコッと笑ってようやく自己PRを始めるのです。

話し始める前に、沈黙とともに会場をゆっくり見渡すという動作は、堂々と落ち着いた印象を与えます。また、一気に聴衆の視線が集まり、存在感をアピールすることにもつながります。

ちなみに、ミス・ユニバースでは自己PRの制限時間はおよそ20秒と決められていますが、話し始める前の時間はカウントされません。だから、彼女たちは20秒のトークを始める前の時間を有効活用しています。話す前に「視線」で語るのです。

これは、一般のスピーチやプレゼンなどのときも同様です。**すぐに話し始めるのではなく、5秒ほどの沈黙を入れる。**すると、聞き手はあなたに注目し、聞く態勢が整います。

沈黙を入れるときは、アイコンタクトも大事です。自分に注目してほしければ、自分から相手を見て、「私を見てください」と無言のメッセージを送る必要があります。**会場が大きく、聞き手が多数の場合は、「の」の字を描くように全体を見渡します。**このとき、端っこにいる人とアイコンタクトをするようにすると、全体的にバランスよく視線を送ることができます。

1対1の商談などのケースでも沈黙は有効です。1対1で沈黙すると、気まずく感じるかもしれませんが、**適度な沈黙を挟むと、相手のほうから話してくれます。**本当の話し上手は聞き上手です。特に、商談の場合は相手のニーズを聞き、それに合った商品やサービスを提案するのが王道です。相手のニーズを探ることなく、一方的にセールストークを展開すると、どんどん相手の心は離れていきます。沈黙を怖がってはいけません。

もちろん、アイコンタクトをするのは、最初だけではありません。**話している最中も、原稿ばかり見ずに、視線を聞き手に送ることで、メッセージが伝わりやすくなります。**基本的には「の」の字を描きながら全体を見渡すのですが、必ず目を合わせてくれる人やうなずきながら話を聞いてくれる人がいます。つまり、反応がいい人です。そういう人を早めに見つけて、彼らに語りかけるように話すと、自信がついて緊張も解けて、スムーズに話すことができます。

スピーチやプレゼンが終わったあとも大事です。ミス・ユニバースのファイナリストたちは、自己PRのスピーチを終えたあと、ここから去るのが名残惜しいという感じでマイクから離れ、最初と同じように笑顔でランウェイを歩きながら、審査員や観客に視線を送り、無言で語りかけています。ここで気を抜いて、逃げるように戻ってしまったら、後味の悪い印象を残してしまいます。スピーチやプレゼンも同じです。**降壇するときも、堂々と胸を張って席に戻ることで、聞き手に安心感を与えることができます。**最後まで気を抜いてはいけません。

「第3の目」で見ると印象が変わる

人前で話すときにアイコンタクトをするのは大切なことです。このとき気をつけたいのは、顔の角度です。

私はかつてケーブルテレビでニュースキャスターの仕事をしていたことがありま

す。このとき、カメラを見て話すのですが、よくディレクターから「もっとあごを引いて！」と注意されていました。話すときに、あごが上がるくせのある人は少なくありません。しかし、あごが上がっていると、聞き手からは上から見下ろされているように感じます。つまり、偉そうなイメージになってしまうのです。

これを防ぐためには、**眉間にもうひとつ目があるイメージで、聞き手とアイコンタクトをするのが効果的です。**眉間の目のことを私は「第3の目」と呼んでいますが、本当の目よりも少し上に位置するので、第3の目で聞き手とアイコンタクトをしようと思えば、少しあごを引くことになります。このときの顔の角度が、いちばん相手に好印象を与えます。

以前は、「あごを引いてください」とアドバイスしていたのですが、そのように言うと、あごを引きすぎてしまい、相手を下から睨みつけるような印象になってしまいます。これはプロのカメラマンもよく使っているようで、「眉間でレンズを見てください」と言うと、ちょうどいい具合の顔の角度になるそうです。

緊張するのは当たり前

人前だと緊張して、自分を出せない……。そんな悩みを抱える人は少なくありません。私も昔はあがり症で、人前でうまく話せず、悔しい思いをしたことがあるので、その気持ちはよくわかります。

ただ、誤解してほしくないのは、**「緊張しない」という人はほんのわずか**だということです。ミス・ユニバースの舞台に立つ女性も、まったく緊張しないという人は皆無です。なかには、本番で頭の中が真っ白になってしまい、暗記していた内容が飛んでしまう人もいます。

緊張すること自体は決して悪いことではありません。むしろ緊張感があるから、情熱的な自己ＰＲやプレゼンができるという面もあるのです。

そもそも少しくらい間違ったり、噛んだりしても、たいしたことはありません。言い間違えたら、言い直せばいいですし、聞き手はそれほど気にしていません。**少したどたどしくても、心を込めて話せば、あなたの言いたいことは伝わります。**流暢に話せなくても、何を話すかのほうが重要なのです。「**少しくらい失敗してもいいや**」という気持ちのほうが、リラックスして話せます。

それでは、緊張で自分の力を発揮できない人は、何がいけないのでしょうか。ひと言でいえば、「**練習不足**」です。準備が十分でないと、「大丈夫だろうか……」という不安な気持ちに支配され、余計に緊張してしまいます。反対に「これ以上やることはない」というくらいの準備ができれば、本番にも自信をもって臨めます。「これでダメならしかたがない」と思えるくらい練習していると、緊張でガチガチになることはありません。

緊張をしないための特効薬は「練習」です。当たり前に聞こえるかもしれませんが、私の経験上、「緊張してしまう」と言う人ほど準備ができていないものです。

2020年の東京オリンピックの招致をめざして行われた日本のプレゼンを覚えていますか？ 滝川クリスタルさんの「お・も・て・な・し」が印象に残っている

人は多いと思いますが、そのほかのプレゼンターも、大一番ですばらしいパフォーマンスを発揮していました。心がこもった感動的なプレゼンテーションでした。

このプレゼンテーションを指導したのは、イギリスの国際スポーツ・コンサルタントのニック・バレーさんです。彼は、これまでもロンドン、リオデジャネイロのオリンピック招致に成功している、まさにプレゼン指導のカリスマです。

日本のプレゼンターが、「どうすれば成功するか」と相談すると、こう答えたそうです。

「何度も何度も練習するしかない」

もちろん、プレゼンターたちは話す内容を吟味し、プレゼンのテクニックも伝授されていたはずですが、それを完璧に再現するために「練習」を何度も繰り返したといいます。その練習の積み重ねが、あの超一流のプレゼンにつながったのです。

原稿やスライドだけ作成して、練習することなく本番に臨む人は少なくありません。「頭の中のシミュレーションはバッチリ！」のつもりでも、頭の中のイメージと、実際にやってみるのとでは大違い。たいていの人は本番で緊張し、思い通りに話せません。**練習をせずに本番に臨んでも、すぐにメッキははがれてしまうのです。**

私自身、最初から話し上手だったわけではありません。もともとはコミュニケーションや人前に出るのが苦手で、話し下手でした。そんな私がアナウンサーになってしまったのですから、最初は何もかもがうまくできなくて散々な状態でした。ラジオの生放送直前まで原稿読みの注意を受け続け、私は半泣き状態で生放送本番へ。なんとか原稿を読み終えたものの、相当ひどい顔だったかと思います（テレビじゃなくてよかったと本気で思いました……）。

しかし、先輩やスタッフの根気強い指導のもと、何度も自分の話し方を録音し、よくない点を修正することを繰り返した結果、今はプロとして人前で堂々と話すことができ、話し方の講師としても活動できています。突然の指名でスピーチを頼まれても、動揺することなく、自分の言いたいことを伝えられるようにもなりました。間違いなく、日々の練習の成果です。

練習は裏切りません。プレゼンやスピーチは練習すればするほど上手になります。

それは、ミス・ユニバースや話し方セミナーの講師を務めてきた経験から断言できます。熱心に練習する人ほどうまくなるのです。

「場数を踏めば緊張せずに話せるようになる」とアドバイスをする人もいます。それは間違っていませんが、人前で緊張しながら話す機会というのは、意外と多くはありません。仕事にもよりますが、1年に数回あれば多いほうでしょう。場数を踏む機会が少ないから緊張するともいえます。そういう意味でも、人前で話すことは貴重なチャンスだと受け止め、練習を徹底的にすることが重要なのです。

人数が多いほどゆっくりと話す

人は緊張すると、ふだんより早口になりがちです。早口になればなるほど、滑舌も悪くなり、声も小さくなっていき、聞き取りづらくなります。また、早口だと落ち着かない印象を与え、説得力も落ちてしまいます。

人前で話すときは、いつもの話し方よりもゆっくり話すようにしましょう。30％ほど減速するイメージです。本人は「ゆっくりすぎるのでは……」と不安になるかもしれませんが、かえって相手は聞き取りやすく、ちょうどよく感じるものです。

話すスピードに関してもうひとつ大切なのは、**聞き手の人数が多ければ多いほど、ゆっくりと話す**ということです。聞き手が増えるということは、会場が広くなることを意味します。

相手との距離に比例して、声の音波が届く時間にも差が生まれます。近くにいればすぐに相手に届きますが、１００ｍ先にいる人には距離の分、声が届くのが遅くなります。

したがって、会場が大きくなればなるほど、時間差で声が届くため、ゆっくりとしたスピードで話さないと、音が重なって聞き取りづらくなってしまうのです。百貨店の館内放送や地域住民向けの防災無線放送で、かなりゆっくりとしたスピードでアナウンスが流されるのも、同じ理由です。

100人規模の結婚式だと会場も大きくなるので、やはり話すスピードには気を遣います。司会進行はリズムも大事ですが、早口すぎると聞き取りづらくなって、忙しい印象を与えてしまいます。

みなさんは、なかなか100人を超えるような会場で話す機会はないかもしれませんが、その規模になると、かなり遅いスピードで話す必要があります。会場と声の届くスピードの関係についても意識すると、あなたの話はより伝わりやすくなるはずです。

「受け狙い」のワナにハマってはいけない

話が上手な人は、人をくすっと笑わせるような楽しいトークをします。あなたも、そんな話し方に憧れているかもしれません。

しかし、**笑ってもらうのは想像以上にむずかしい。**私自身も「これはウケる」と思ったエピソードをセミナーで話したところ、聴衆がまったくの無反応だったことがあります。

また、結婚式やイベントの司会の仕事を通じて、受け狙いをして外しまくる人をたくさん見てきました。撃沈したときの恥ずかしさといったら……。お笑い芸人が笑いをとれるのは、才能と緻密な準備があるから。素人が笑いに走ると、痛い目に遭います。

ストーリーをしっかり準備して話せば、泣かせることはできます。しかし、いくら準備をしても笑ってもらえるとはかぎりません。タイミングや雰囲気なども大いに関係するからです。

だから、笑いをとることに慣れていない人は、無理して受け狙いのトークをしないほうが無難です。もちろん、クスッと笑ってもらえるようなトークができるに越したことはありませんが、笑いをほしがって地雷を踏む可能性もあります。笑わせる自信がないなら、無理して笑いをとりにいく必要はありません。

お笑いのコンテストなら別ですが、笑いをとらなくてもあなたの言いたいことを伝える方法はあります。

結婚式のスピーチで「受け狙い」で失敗する人をたくさん見てきました。新郎新婦の失敗談を話すことで場をなごませるのは悪いことではありませんが、ウケたことがうれしくて調子に乗り、次々と失敗談を話してしまう……。新郎新婦が主役のめでたい席で、彼（彼女）を貶めるようなエピソードを連発すれば、会場は不穏な空気に包まれます。しかし、スピーチをしている本人は、ウケているのが気持ちいいので、そのことに気づきません。こうして結果的にスピーチで失敗してしまう人が少なくないのです。受け狙いに走るのは悪いことではありませんが、限度があります。

仮にウケたとしても、ひとつだけでやめておくこと。「失敗続きだった○○君も、さまざまな経験を糧に、今では新人教育の担当責任者を務めるなど立派な社会人になりました」などと、**ポジティブな話で切り上げるべき**です。

スピーチが下手な人は、誰かを貶めるようなエピソードを話してしまいます。「あの人はまぬけだ」といった類の話は、一瞬の笑いを誘いウケるケースも多いですが、必ず一部の人の反感を買います。

スピーチ上手な人は、誰かをネタにして貶めるのではなく、自分自身をネタにします。東京都知事の小池百合子さんが、２０１６年の都知事選挙期間中にライバル陣営から「大年増の厚化粧」と言われたのを逆手にとった切り返しは、お見事でした。

彼女は相手の政治家に真正面から批判するのではなく、街頭演説で「私、今日は薄化粧で来ましたよ」と言って聴衆の笑いをとりました。この光景は、ニュースでも報道され、「小池さんはユーモアがあって、器の大きい人」という印象になり、高い支持率につながりました。**自分を落とすユーモアは、誰かを貶めるようなユーモアと違って後味が悪くなりません。**

私もセミナーや講演会で、自虐ネタを披露することがあります。私は方向音痴なので、「私はよく道に迷います。今日も駅から反対方向に10分ほど歩いてから間違いに気づきました。でも、セミナーの内容は間違いませんので、安心してください」といった話をすることはよくあります。これなら、誰も傷つけることはありませんし、クスッと笑ってもらえれば、会場の雰囲気もなごみます。

また、私はセミナーなどの自己紹介のとき、私の経歴をネタにしています。その際、大手航空会社のグランドスタッフからプロダンサーに転身した経歴を話すのですが、「グランドスタッフからプロダンサーってなぜ？　と、みなさん思いますよね。くわしく話すと1時間はかかるので、今日は割愛します」といった話をすると、「この講師は過去にいろいろあったのだな」と勝手な想像をめぐらせるようで、クスッと笑ったり、会場がざわついたりします。

あまりディープなネタだと笑えませんが、笑いに変えられる失敗談などは積極的に活用しましょう。自分のことを笑ってもらうと、会場の雰囲気もよくなりますし、自分自身の気分も軽くなるものです。

「え〜」「あの〜」話し方のクセを改善するだけで印象が変わる！

人には必ず話し方のクセがあります。

最も悪いクセは、「えっと」「あの〜」「え〜」「やっぱり」「ちょっと」など、意味をなさない言葉を発することです。話している本人は、あまり気にならないものですが、聞いているほうにとっては耳障りです。

まずは、**自分の話し方のクセに気づくことが肝心です。いちばん手っ取り早いのは、自分が話しているところを録画、もしくは録音する**ことです。客観的に自分の話し方を知ることで、話し方のクセを見つけることができます。録音・録画することに抵抗があるなら、友人や家族に「私の口ぐせや話し方で気になるところはある？」と聞いてみてもいいでしょう。

自分の悪いクセに気づいたら、改善あるのみです。しかし、自分のクセに気づくことができれば、半分改善できたようなもの。ふだんの会話でも「あっ、また『えっと』って使ってしまった」と気づけるようになるからです。あとは、クセになっている言葉が出そうになったら、グッとその言葉を呑み込むように意識し、地道に修正していきましょう。

自信がなくても手の動きだけで堂々と魅せる方法

人前で話すとき、身動きをすることなく、話し続ける人がいます。動きがないと、聞いている人は緊張しますし、話し方も単調になりがちです。

何かを情熱的に伝えたいなら、身振り手振りをまじえて話しましょう。

身振り手振りを使って話すことは自分の緊張をやわらげる効果もあります。緊張するとうつむき加減になり、体が縮こまっていきます。それに合わせて声も小さくなってしまいます。

しかし、身振り手振り、体を動かしながら話すと、体が小さくならずにすむので、緊張を防ぐことができます。さらに、手を動かしながら説明すると、堂々として見えるので、説得力も増します。

手を使ったジェスチャーには、次のようなパターンがあります。

- 胸に手を当てる
- 腕を開き、両手のひらを見せる
- 指をさす
- 手を上下させて「高低」を表現する
- 手で円を描いて「大小」を表現する
- 「売上が上がる」と言いながら、腕を斜め上の方向に動かす

ただし、体が動きすぎると、落ち着かない印象になってしまいます。よく見かけるのは、手を動かしすぎるパターン。タレントの鈴木奈々さんが手を激しく動かし

図3　身振り手振りのパターン例

胸に手を当てる

腕を開き、両手のひらを見せる

指をさす

手を上下させて「高低」を表現

円を描いて「大小」を表現

腕を斜め上の方向に動かす

て話している姿はおもしろいですが、動きに気をとられてまったく話の中身が入ってきません。また、話している最中に、無意識に頭が左右に揺れてしまう人がいますが、これも落ち着きを欠き、不安定な印象を与えてしまいます。

予期せぬ質問には「質問の復唱」

ミス・ユニバースの大会本番では、自己PR、水着審査、ドレス審査のあとに、質疑応答の時間が設けられています。審査員からの質問は多種多様です。「夢を教えてください」「名古屋の街の魅力を教えてください（愛知大会の場合）」というオーソドックスなものから、「首相になったら何をしますか？」「歴史をひとつ変えられるとしたらどうしますか？」「恋と愛の違いは？」「人種差別はどうすれば解決すると思いますか？」といった、答えるのが難しいものまで、さまざまな質問に対応しなければなりません。

もちろん、こうした質問には正解があるわけではありません。したがって、審査員は**答えの内容だけでなく、とっさの対応力や物怖じしないメンタルの持ち主であるかを見ている面があります。**質問ひとつで動揺していたら、ミス・ユニバースの全国大会、世界大会で勝ち抜くことができないからです。

私が講師を務めた愛知大会で、ゲスト審査員として参加していたあるタレントさんが、こんな質問をしました。「私は最近離婚したばかりなんですけど、結婚と離婚についてどう考えていますか？」。ただでさえ難しい質問であるのに加え、有名なタレントさんからの質問ですから、ふつうなら緊張して頭が真っ白になってもおかしくありません。しかし、その質問をされた女性は、動揺することなく、自分の意見を述べて最後にこう言って、ニコッと笑いました。「○○さんも、またステキなお相手が見つかるといいですね」。スマートな受け答えに、会場の観客からは「おぉ～」と感心する声がもれました。このとき審査員のみなさんは「この女性は大舞台でも動じないメンタルの持ち主だ」と好印象を抱いたはずです。

ミス・ユニバースにかぎらず、一般の面接やプレゼンでも質問されることがあります。もちろん、想定される質問には答えを準備しておくような努力は必要で、気の利いた答えができれば、評価も高くなるでしょう。

しかし、想定外の質問が飛んでくることもめずらしくありません。一方、予想もしなかった質問に対して「え〜っと……」と言葉につまり、動揺してしまえば、評価は下がってしまいます。このとき、**最悪なのは言葉が出ずに沈黙してしまうことです。**面接だったら「対応力に欠ける」と評価を下げられることになりますし、プレゼンであれば「まともに答えられないようでは不安だ。やはり他の会社のサービスにしよう」と思われてしまいます。

たとえば、面接で「IoTについてどう思いますか？」と聞かれたとき、すぐに言うことがまとまらないとします。そのときに使えるテクニックがあります。それは、**質問を復唱することです。**

「IoTについてですね。それについては……」と復唱しながら、頭の中で言うことをまとめます。こうすれば、気まずい沈黙に支配されることはありません。

一方、IoTに関する知識をほとんど持ち合わせていなかったとします。ここで、浅い知識でとんちんかんな答えをしたり、おどおどした挙句、「すみません、わかりません」とあきらめてしまったりすれば、評価を下げることになります。

こういうときは、**わからないことを認めたうえで、ポジティブに答える**ことです。「IoTについては勉強不足でお答えできるほどの知識がありませんが、就職活動を通してITに関する知識もこれから勉強し、自分なりの意見を言えるようになりたいです」。あまりに基本的な知識を知らなければ減点対象になるでしょうが、たいていの場合、ひるむことなく前向きな姿勢で答えれば、大きな減点にはならないと思います。知識は入社してからでも身につきます。企業の面接官は、どういう対応をするか、その人のコミュニケーション力や総合的な人間力をチェックしているのですから。

質疑応答に正解はありません。自分が思っていることをポジティブに、堂々と伝えましょう。物怖じすることなく、前向きにコミュニケーションできる人は、相手の評価も高くなります。

言葉づかいはあなたの印象そのもの

第2章で、政治家の失言についてお話ししました。

いつの時代も公人による失言は見受けられますが、最近は言葉づかいの乱れも多く見聞きし、心を痛めることがあります。

公の場で話す立場にある女性が
「くたばれ」

「〜じゃねぇよ」

「ムカつく」

などといったキツイ言葉を使うシーンも目にします。


言葉は身にまとう衣服と同じです。 身にまとう衣服があなたの印象を左右するように、**自分を物語る言葉づかいも、あなたの印象そのものなのです。**言葉で魅力を伝えるにも、普段から品格を落とす言葉を使わないようにしてほしいのです。

どんな人でもすぐに話し上手になる〝特効薬〟はありません。他人の言葉を借りて、いいとこ取りの文章をつなぎとめて話したとしても、それはその場しのぎでしかありません。メッキはいつかはがれます。

本物の輝きを放つために、美しい言葉で自分の心を伝えられるようになりましょう。

ポジティブな美言葉を使う

20秒トークでは、ポジティブな情報を伝えるべきです。普段からポジティブな美言葉を心がけてみましょう。

美言葉を使うために心がけてほしいことが2つあります。

ひとつは、「**ほめる**」こと。もうひとつは「**アファメーションの法則**」です。

まずは、「ほめる」こと。これは究極の美言葉です。ほめられて悪い気がする人はいません。ほめるという誰でもできる簡単なことで、周りにいい空気、人、仕事が引き寄せられるのです。

ほめ方のポイントとして、使いやすいフレーズを覚えましょう。

- すごい！
- すてき！
- さすが！
- 元気をもらいます
- 尊敬しています
- センスがいいですね

など、少しでもこう感じることがあったら、声に出して相手に伝えてみてください。

2つめは「アファメーションの法則」です。

「アファメーション」とは、「肯定」「断言」という意味の言葉。夢や目標を宣言したり、紙に書いたりして常に目にするところに貼っておくことで、潜在意識に働きかけることができるのです。

「アファメーションの法則」には、①目標は断言する、②具体的に書くという2つのポイントがあります。

たとえば、

「外国に行きたいな～」

ではなく、

「今年中にモルディブに行く！」

と宣言をします。

「やせたい〜」

ではなく、

「今月中に毎朝ジョギングをして3キロやせる！」

このように、場所や期限、数字や名詞を具体的に入れ込むことで、いっそう強く潜在意識に投げかけることができます。

この目標を考えることが、美言葉を普段使いにする際の意識付けにもなるのです。

第5章

「第一声」が
あなたの
印象を決める

すばらしい話の内容も「声」で台なしになる

私は「話す」ことを仕事にしてきたので、人の「声」がとても気になります。やはり、いい声を聞くと好印象をもちますし、反対に声が小さく聞き取りづらいと、悪い印象につながってしまいます。

コミュニケーションがうまくいかない人は、単に声が小さくて聞き取りづらいことに問題があるかもしれません。

いい声を出しているところには、不思議と人もお金も集まってくるように感じています。

私は企業研修などでさまざまな会社を訪問する機会がありますが、売上が好調な会社に行くと、社員のみなさんが元気よく挨拶をしてくれます。オフィス内もいろいろなところから「了解しました！」「よろしくお願いします！」といった声が聞こえてきて活気に満ちています。

一方、売上が低迷している会社は、オフィス内を歩いていても挨拶がありませんし、あったとしても蚊の鳴くような小さな声です。活気もありません。

研修をしていても、「声」がいい社員のいる会社は、呑み込みが早く、ぐんぐん話し方も上達していきます。逆に、「声」に元気のない会社は、同じ研修をしてもなかなか成果としてあらわれません。

私の経験則で言えば、**「声」と仕事の成果には因果関係があります。**いい声のところには、いい人が集まってきて、仕事もうまくいくのではないでしょうか。

それは、個人のレベルでも同じです。本番では第一声が勝負。いくら話の内容がすばらしくまとめられていても、ボソボソと小さな声では台なしです。最初の「はじめまして」の声が暗くてか細いと、「この人、大丈夫かな」と相手を不安にさせてしまいます。特に緊張すると、呼吸が浅くなり、声がどんどん小さくなってしまいます。早口で聞き取りづらいのもＮＧです。どんな声で話すかは、あなたの話の印象を大きく左右します。

私がブライダルの司会をする際、事前に新郎新婦と進行の打ち合わせをする機会があります。通常はこの1回の打ち合わせだけで本番に臨むので、ここでお二人の信頼を得る必要があります。そこで、私は顔を合わせたときの第一声に神経を使っています。

にこやかな笑顔で「このたびはおめでとうございます！」と明るく、張りのある声でお伝えします。このひと言だけで、「うわっ、さすがプロの声は違う！」と思われたら大成功。「佐藤さんに任せれば大丈夫」と信頼してもらえれば、そのあとの打ち合わせはもちろん、本番もうまくいきます。

逆に、第一声で「この人で本当に大丈夫かな……」と疑心暗鬼になられてしまうと、その後のコミュニケーションもぎくしゃくしてしまいます。私はブライダル司会の仕事を通して、毎日のように第一声の大切さを身に染みて感じているのです。

ミス・ユニバースのビューティーキャンプでも、私は講師として、いい声を出すための腹式呼吸のしかたや滑舌改善などのボイストレーニングを行っています。ビューティーキャンプに参加する女性は、本格的なボイストレーニングを受けた経験のない人も多く、最初は声が小さく、頼りなさげに聞こえます。

しかし、そのまま本番の舞台に上がってスピーチをしたら、間違いなく勝ち抜くことはできません。声が小さいことは、そのまま自信がないという印象につながってしまいます。ミス・ユニバースのような特殊な環境に限らず、ビジネスの場では声が小さいと損することになります。声が小さいだけで元気がないように見えますし、伝える能力も半減します。また、信用を得ることができず、「この人に仕事は任せられない」という評価を下されてしまいます。

ボイストレーニングはすればするほど効果が出ます。「生まれつき、こんな声だからしかたない」とあきらめないでください。トレーニングをすれば、魅力的な声を出すことができます。当初小さな声でボソボソと話していたミス・ユニバース出場者も、本番ではハキハキと聞き取りやすい声で話せるようになっていきます。**声がよくなるだけで、何倍も自信に満ちて、オーラをまとっているように見えます。**

伝える力を磨きたい人は、伝える内容とともに、ぜひ声の出し方も学んでほしいと思っています。ボイストレーニングというと専門的なイメージをもつ人もいるかもしれませんが、声の出し方は練習すればするほど改善し、効果があらわれます。

声が小さい人は損！いい声を出すための法則

声のプロであるアナウンサーや司会者に感じの悪い人はめったにいません。そういう印象になるのは、彼らがよい声を出すためのトレーニングを積んでいるからです。

それでは、どうすればよい声を出せるのでしょうか。

最も簡単かつ確実な方法は、「**大きな声を出す**」ことです。

居酒屋など騒々しい場所で店員さんを「すみません！」と呼んだとき、なかなか気づいてもらえない人は、声が小さく、エネルギーが届いていないのです。

もちろん、単純に怒鳴るように話せばいいというわけではありませんが、声が小さいと、どんなに滑舌がよくても、話のリズムがよくても、話の内容がよくても、すべて台なしです。また、声が小さいと、自然と音域が狭まってしまうので、声のメリハリがなくなり、表現力も乏しくなってしまいます。相手がストレスなく聞こえるボリュームの声を出さなければ、伝える力は半減してしまうのです。

ミス・ユニバースのビューティーキャンプでも必ず覚えてもらうのが「**腹式呼吸**」です。いわゆる「**お腹から声を出す**」ということ。力強く吐いた息に声を乗せ、壁にぶつけるようなイメージで話すと、声量が大きくなり、聞きやすい声になります。

呼吸法には、もうひとつ種類があります。「**胸式呼吸**」です。口から吸って口から吐く呼吸法で、これだと、どうしても呼吸が浅くなり、声の出が悪くなります。声が小さい人は、たいてい胸式呼吸をしています。

一方、腹式呼吸は、鼻から吸って口から吐き出します。**腹式呼吸の基本は、「丹田」と呼ばれる部分を意識すること。**丹田はへそから3～4センチほど下にあります。この部分に手を当てて鼻から息を吸うと、膨らむのがわかります。そして口から息を吐くと、丹田の部分は引っ込みます。おなかの動きを意識しながら、丹田に力を込めて話すようにすると、声から出る音の深みが増します。

図4　腹式呼吸の方法

吸う

「丹田」を意識しながら、鼻から息を吸います。このとき、丹田を中心にお腹が膨らみます。

吐く

息を吐くときは、口から。丹田の部分が引っ込みます。

多くの人が腹式呼吸をせず、のどだけで話しています。トレーニングをするのは面倒に感じる人もいるかもしれませんが、腹式呼吸を意識するだけでも、あなたの声は格段に大きくなり、伝える力がアップします。ぜひ、毎日時間を使って、腹式呼吸の練習をしてみてください。

「ソ」のトーンが最も通りやすい

声は洋服と同じで、相手や状況に合わせて変えるべきものです。人前で何かを伝えるときには、やはり相手が聞き取りやすい声で話すことが大切です。

聞き手に伝わりやすい声をつくるには、「**声のトーン**」も意識するといいでしょう。

特に緊張で声が小さくなりがちな人は、いつもより少し高いトーンを意識して話すと、張りのある声になります。

イメージとしては、母親が電話に出るときのよそ行きの声です。さっきまでガミガミと怒っていた母親が、電話に出ると「はい～、○○です～」といつもより高い声を出しますよね。あれと同じように、言葉のトーンを上げてみるのです。

少し専門的なことをいえば、**「ソ」と「ラ」の音階が、最も相手にクリアに届きやすい**と言われています。特に、「ソ」のトーンは明るくさわやかなイメージをもたれる声の高さです。

お笑いタレントの明石家さんまさんの番組に、女優で音楽家の松下奈緒さんがゲスト出演したとき、彼女は絶対音感の持ち主なので、「さんまさんの『ひゃー』という引き笑いは『ソ』の音です」と指摘していました。明石家さんまさんの声はふだんから高めですが、まさに「ソ」と「ラ」の音階で話しています。だから、さんまさんの声は早口でもよく通るのでしょう。

「男性は低い声のほうが通る」という話をよく聞きますが、それは一部の男性だけです。該当するのは、恰幅がよくて声量のある年配男性くらいで、だいたいの男性は声が低い分、相手には聞き取りづらくなってしまいます。

また、声が大きくても下を向いて話すと、声が届かなくなります。原稿や資料を見ながら話すとどうしても下に向かってボソボソと話すことになってしまうので、できるだけ原稿や資料は見ないで話せるようにするのが理想です。どうしてもないと不安な場合は、ときどき顔を上げて話すこと。逆の立場になるとわかりますが、下を向いて話している人の話は、聞きづらいだけでなく、伝えようという意欲を感じられず、心に響いてきません。**顔を上げるだけでも、声の届き方は大きく改善します。**

勇気をもって自分の声を聞いてみる

私が話し方の講師としてレッスンをするときは、できるかぎり受講生の話す姿を動画で撮影します。そして、それを受講生に見てもらいます。

そうすると、その人の話し方の欠点がひと目でわかります。たとえば、話しながら体が揺れていたり、体が傾いていたりすれば一目瞭然です。話し方のクセもわかりますし、自分が思っていた以上に声が出ていないことにも気づきます。このように客観的に自分のことを見ることを「**メタ思考**」といいます。

私自身、ラジオ局のアナウンサーをしていたとき、嫌でも自分が話している番組を聞かなければなりませんでした。しかし、それを繰り返し聞き、聞きづらい点をひとつずつ潰していくことで、確実にアナウンス技術が向上していきました。

人は、口で「こうしたほうがいい」と指摘しても、なかなか本気で改善しようとは思わないものです。しかし、自分の欠点を客観的に見せられると、受講生はぐうの音も出なくなり、目の色を変えて改善しようとします。

もっと手軽な方法としては、**自分の話している声を録音する**というものもあります。今はスマートフォンにもレコーダーの機能がついているので、誰でも気軽に自分の声を聞くことができます。

しかし、動画撮影や音声録音に対して抵抗をもつ人もいます。実際、自分の声を録音して聞いてみると、自分がイメージしている声と異なり違和感を覚えますし、単純に自分の声を聞くのが恥ずかしいという人もいます。動画に関しては、見ているだけで顔から火が出そうだと言う人もいます。

でも、安心してください。

動画や録音で自分の声を聞くと、ほとんどの人が、自分の声が「好きではない」と答えます。私もかつては、その一人でした。

誰もが、録音や録画した声が、いつもの自分の声とは別人のように聞こえます。いつも自分で聞いている声は、体の中で響く音を、耳のいちばん奥にある「内耳《ないじ》」で聞いたものです。一般的に、他人が聞く声よりも低音部が強調されるため、自分で聞いている声のほうが印象はよくなる、といわれています。

しかし、本当に声が変な人などいません。自分が変だと思っている声も、他人が聞けば、何の違和感もありません。だから、「自分の声が嫌い」と思い込んでしまうのは、とてももったいないことです。

自分の声に自信をもって、録画や録音をしてみてください。自分の話し方を客観的に見て、改善することで、劇的に発声や伝え方が上達します。**伝え方で人生を変えたいのであれば、勇気を振り絞って、自分の話し方を動画や録音で客観的に分析**

してみましょう。

正しい口の形を守るだけで滑舌はよくなる

滑舌が悪いと、内容が聞き取りづらくなり、せっかくのいい内容の話が伝わらないこともあります。また、聞き取りづらいというだけで、聞き手が抱く印象も悪くなってしまいます。反対に、ハキハキと滑舌のよい話し方をする人は、聞き手にいい印象を与えます。

滑舌は、あご、歯、くちびる、表情筋などすべてを使うことによってよくなっていきます。滑舌の悪い人は、これらを十分に使っていないことが原因であることがほとんどです。

それでは、滑舌をよくするにはどうすればいいでしょうか。**一音一音、粒立てて**

話す練習をするのがいちばんです。たとえば、「ど・ん・な・し・れ・ん・も・の・り・こ・え・る・つ・よ・い・い・し・が・あ・り・ま・す」（どんな試練も乗り越える強い意志があります）というように、一音ずつを丁寧にはっきりと発音するのです。粒立てて話すことにより、口が大きく開き、あご、歯、くちびる、表情筋など全体を使って話すことができます。

その際、**母音である「あいうえお」を正しい口の形で発声する**ことが重要です。

「あ」——いちばん大切な音。指が２本入るくらいの縦開き（プロは３本）
「い」——口角を横に引っ張って発音する
「う」——くちびるでアルファベットの「Ｏ」をつくり、そのまま前に押し出すイメージ
「え」——「あ」と「い」の口の形の中間で発音する
「お」——くちびるでアルファベットの「Ｏ」をつくる

アナウンサーや劇団員が滑舌をよくするためによく使われるのが、「あ・え・い・う・え・お・あ・お」の８語を一息で発声する方法です。これは、１８１ページ図

5のように15行ありますので、1行ずつ、それぞれの音が同じ強さで出るように発音していきます。最初のほうで吸い込んだ空気を使いすぎると8語を言い切る前に息切れしてしまいます。この練習を繰り返すことで、いい声の源である息の使い方も上手になっていきます。吸い込んだ空気をいかにバランスよく配分できるかで、声の質が変わってくるのです。この配分が悪いと、不自然なところで息つきをしなければならず、聞き取りづらい声になってしまいます。

なお、劇団四季では、噛んでしまいやすい言葉をスムーズに発声するために、その部分を母音で発音とするいう「**母音法**」という練習を取り入れている、と聞いたことがあります。たとえば、「ご紹介させていただきます」という部分で噛んでしまうという場合は、「お・お・う・あ・い・あ・え・え・い・あ・あ・い・あ・う」と母音で一語ずつ発声します。母音は口の開きや動きを確認しやすいので、これを繰り返すことによって、子音でもスムーズに発声できるようになっていきます。

プレゼンやスピーチなど本番の前には、必ず声のウォーミングアップをしてくだ

図5 「あえいうえおあお」のトレーニング

あ	え	い	う	え	お	あ	お
か	け	き	く	け	こ	か	こ
さ	せ	し	す	せ	そ	さ	そ
た	て	ち	つ	て	と	た	と
な	ね	に	ぬ	ね	の	な	の
は	へ	ひ	ふ	へ	ほ	は	ほ
ま	め	み	む	め	も	ま	も
や	え	い	ゆ	え	よ	や	よ
ら	れ	り	る	れ	ろ	ら	ろ
わ	ゑ	ゐ	う	ゑ	を	わ	を
が	げ	ぎ	ぐ	げ	ご	が	ご
ざ	ぜ	じ	ず	ぜ	ぞ	ざ	ぞ
だ	で	ぢ	づ	で	ど	だ	ど
ば	べ	び	ぶ	べ	ぼ	ば	ぼ
ぱ	ぺ	ぴ	ぷ	ぺ	ぽ	ぱ	ぽ

※左から右に読む

さい。アスリートが準備運動なしで、競技をすると本領を発揮できないのと同じで、声も準備運動をしないと、思うような第一声を出せません。本番前に「あ・え・い・う・え・お・あ・お」を何度か繰り返すだけでも、第一声は見違えるほどよくなります。

噛み癖がある人には歌舞伎の口上「外郎売り」

滑舌を改善するために効果的なトレーニングをもうひとつ紹介しましょう。**「外郎売《ういろううり》」の口上**です。

外郎売は、歌舞伎十八番のひとつで、外郎とは薬のこと。この薬を売りに来た人が、「舌もなめらかにまわり、こんなにしゃべれるようになるんだよ、だからおひとついかがですか?」と勧めるシーンの長セリフです。

早口言葉が多く含まれているため、声優、俳優、アナウンサーなどが、発声練習や滑舌のトレーニング時に使用しています。外郎売を読もうとすれば、**自然とあご、歯、くちびる、表情筋などすべてを使うことになるので、何度も読んでいくうちに、滑舌がよくなり、いい声になっていきます。**

外郎売を読むときのポイントは、**一語ずつゆっくりはっきりと発音しながら読み上げていく**ことです。早口言葉が入っているからといって、早く読む必要はありません。一音一音、口がきちんと開いているか、口の動きを確認しながら読み上げてください。

なお、外郎売を読み上げていくうちに、慣れてくると、だんだんと早口になってきます。なかには、暗記して早口言葉のように読み上げられるようになる人もいるでしょう。

しかし、**あくまでも滑舌をよくするためのトレーニングなので、早口で読んではいけません。**早口になれば、自然と滑舌も悪くなってしまいます。「ゆっくり一音ずつ読み上げる」のがコツです。

言葉を噛まないようにするには2つの方法があります。

図6　正しい口の形と読み方

正しい口の形

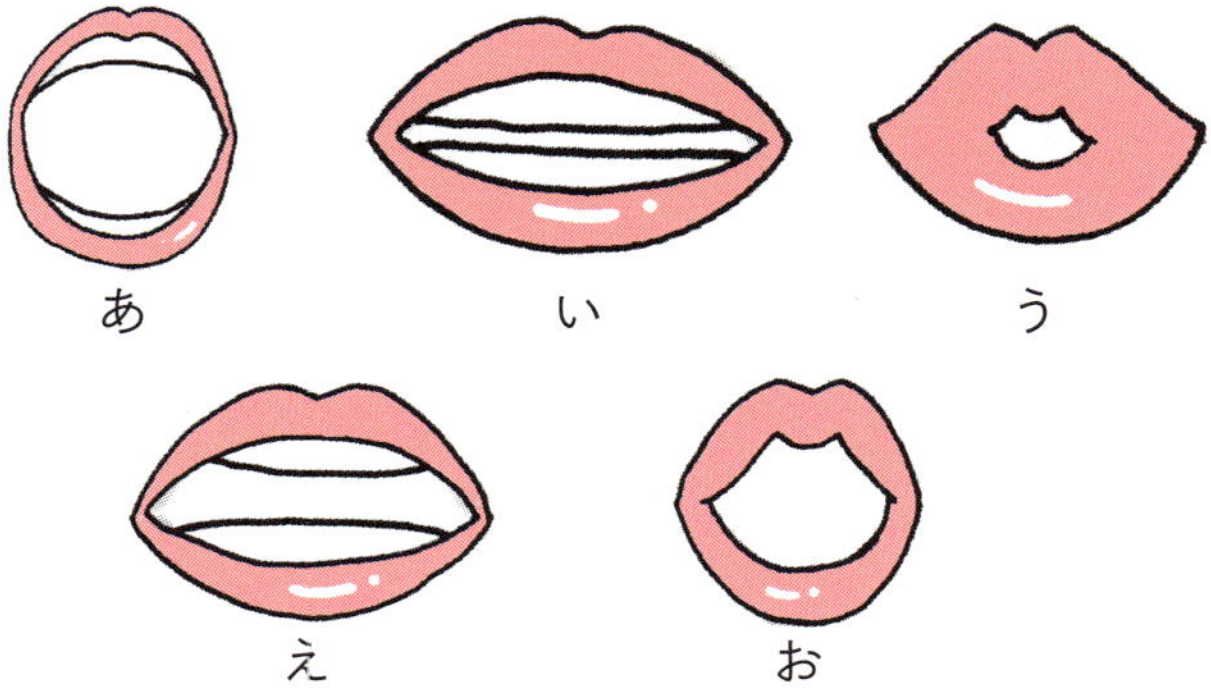

トレーニングのポイント

■１行（８つの音）を一息で発声する

■息の使い方と口のかたちに注意する

■それぞれの音が同じ強さで出るように発声する

図7　外郎売の口上（一部）

そりゃそりゃ、そらそりゃ、まわってきたは、まわってくるは、アワヤ喉、サタラナ舌（ぜつ）に、カ牙サ歯音（かげさしおん）、ハマの二つは唇の、軽重、開合さわやかに、アカサタナハマヤラワオコソトノホモヨロオ、一つへぎへぎに、へぎほしはじかみ、盆まめ、盆米、盆ごぼう、摘蓼（つみたで）、つみ豆、つみ山椒、書写山の社僧正、粉米（こごめ）のなまがみ、粉米のなまがみ、こん粉米のこなまがみ、繻子、緋繻子（ひじゅす）、繻子、繻珍（しゅちん）、親も嘉兵衛、子も嘉兵衛、親かへい子かへい、子かへい親かへい、古栗（こくり）の木の古切口（こきりくち）、雨合羽か、番合羽か、貴様のきゃはんも皮御絆、我等がきゃはんも皮御絆、しっかは袴のしっぽころびを三針はりながにちょと縫うて、ぬうてちょとぶんだせ。かわら撫子、野石竹（のぜきちく）、のら如来、のら如来、三のら如来に六のら如来、一寸先のお小仏に、おけつまづきゃるな、細溝にどじょにょろり、京の生鱈、奈良生学鰹、ちょと四五貫目、お茶たちょ、茶だちょ、ちゃっとたちょ茶だちょ、青竹茶煎で、お茶ちゃとたちゃ。来るは来るは、何が来る。高野の山のおこけら小僧、狸百匹、箸百ぜん、天目百ぱい、棒八百本。武具、馬具、武具、馬具、三ぶぐばぐ、あわせて武具馬具六武具馬具。菊、栗、菊、栗、三菊栗、合わせて菊栗、六菊栗。麦ごみ麦ごみ、三麦ごみ、合わせて麦ごみ六麦ごみ、あのなげしの長なぎなたは、誰が（たが）長薙刀ぞ、向こうのごまがらは、荏（え）の胡麻がらか、真胡麻がらか、あれこそほんの真胡麻がら。……（続く）

～歌舞伎十八番の一　享保三年　二代目市川団十郎作～

ひとつは、**滑舌をよくすること。**もうひとつは、**噛みやすい言葉を使わないこと。**

もちろん、どんな言葉でも噛むことなく、スムーズに話せるに越したことはありませんが、**トレーニングを積んだプロの話し手でも、噛みやすい言葉が存在します。**

たとえば、私はブライダル司会者の指導をするときに、必ず本番のシミュレーションをしてもらうのですが、このとき「ご紹介させていただきます」の「させていただきます」の部分で何度も噛んでしまう司会者がいました。もちろん、噛まないようなトレーニングをすることを求めますが、本番が差し迫っている場合では、表現そのものを変えるようにアドバイスしています。練習の段階で噛むということは、緊張感のある本番では、さらに噛んでしまう可能性が高い。だから、他の言葉で言い換えられるのであれば、噛まない言葉を選択したほうが安心です。

「ご紹介させていただきます」は、「ご紹介いたします」でも失礼には当たりません。「ご紹介いたします」のほうがしっくりくるなら、無理に噛みやすい言葉を使う必要はありません。

みなさんの多くは話のプロではないでしょうから、噛みやすい言葉にこだわらなくてもかまいません。「噛まないように気をつけよう」と思いながら話していると、自信のない話し方になってしまいます。もちろん、言い換えのきかない固有名詞などは練習するしかありませんが、発声しやすい言葉を使ったほうが、堂々と自信をもって言いたいことを伝えることができます。

笑顔と美声の密接な関係――「ほほえみ30％」のベストボイス

第1印象を大きく左右するのが顔の表情です。同じ人でも、ニコニコとした笑顔と、無表情でいるのとでは大きく印象が異なります。もちろん、いい印象をもってもらうには、笑顔を出せたほうが有利です。

「オーラを出すにはどうすればいいですか？」と聞かれたとき、私は「**まずは、ほほえみ30％を心がけてみてください**」とアドバイスしています。口角を上げるだけでも、表情筋が上がって目力が生まれ、表情にも張りが出て明るくなります。満面の笑みを１００％だとすれば、30％くらいの笑顔ですが、それだけでもまわりの人が受ける印象は１００％変わります。

ほほえみ30％を意識していないと、顔は無表情になります。まわりには「怒っている？」「不機嫌なのかも」という印象を与えてしまいます。笑った顔がステキな人も、一人で何か作業をしているときの顔は、生気を欠いているように見えます。

しかし、**ふだんからほほえみ30％を意識していると、まるで形状記憶シャツのように、やわらかな笑顔が当たり前になります。**そうなれば、いつ、どこで、誰が見ても「○○さんは、いつもステキ」という印象を与えることができます。こうした印象が「あの人はオーラがある」という評価につながるのです。

ほほえみ30％は美しい声とも密接な関係があります。口角を上げることによって、あごが引き上がり、声が出しやすくなるからです。そのため、自然と声がやわらかくなります。

私はほほえみ30％で話す声のことを**「笑声」（えごえ）**と呼んでいます。笑声で話す人は、その表情と声で、相手の信頼を獲得し、良好な人間関係を築くのです。

いい姿勢は美声のもと

この章では、第一声で印象をよくする方法をご説明してきました。最後に、声をつくる土台となる〝姿勢〟の話をして、この章を終えたいと思います。

自分に自信がないと、猫背など姿勢が悪くなったり、声が小さくなったりします。**見た目をきれいに見せ、美声に近づけるには、姿勢を変える必要があります。**姿勢を変えるといっても、難しいことはしません。

- 背筋をピンッと伸ばす
- あごを引く
- 頭のてっぺんから糸が出ていた天井から吊るされているイメージをもつ

● 肩の力を抜く
● 脇を引きしめる

これらのポイントを意識するだけで、見た目の印象は格段に変わります。

どんな服を着るか、というのももちろん大事ですが、素材であるあなた自身の質も高めるべきなのです。凛とした品格ある女性は、背筋を伸ばして姿勢がいい。

それだけで身にまとう洋服は価格に関係なく、魅力的になるものです。自分自身という素材を磨いて勝負しましょう。

第 6 章

話が伝わる人は「第0印象」が違う！

SNS時代は第1印象よりも「第0印象」が大事

ここまでは自分の言いたいことを伝えて、相手に好印象を与える方法についてお話してきました。これらは第1印象、第2印象をよくする方法と言い換えることもできます。第1印象や第2印象の大切さについては、いまさら強調する必要もないと思いますが、**実は、いまの時代、第1印象や第2印象を意識するだけでは不十分です。**

SNSで個人が情報発信するのが当たり前になっている今、実際に顔を合わせる前の印象も重要です。私は、これを「**第0《ゼロ》印象**」と呼んでいます。この第0印象がよくないと、いくら言いたいことをうまく伝えることができても、相手の心に響かないことがあります。したがって、20秒トークを実践する人には、ぜひ第0印象にも注意を払ってもらいたいと思っています。

フェイスブックやブログ、ツイッター、インスタグラムなど、個人がSNSを通じて情報を発信できるということは、誰でもそれらの情報を得ることができるということです。たとえば、誰かと初めて会うことになったとき、私は必ずその人の名前を検索にかけて、SNSを利用していないかチェックします。そして、情報発信をしているようであれば、それらに事前に目を通してから、実際にお会いします。

企業に赴くときには、その会社のホームページを検索して、経営理念やオフィスの雰囲気、社長の顔や名前などもチェックします。

なぜなら、相手がどんな仕事をし、どんなことを考え、どんなことに興味・関心があるのかを知ることで、実際に会ったときにコミュニケーションがとりやすいからです。相手の趣味がゴルフだとわかっていれば、ゴルフについての話題をふることができ、雑談も盛り上がるでしょう。また、相手は「この人は私のことに関心をもってくれている」とうれしく思うので、人間関係の距離も縮めやすくなります。

私に限らず、**優秀なビジネスパーソンは、事前にSNSで情報収集してから初対面の場に臨んでいるのです。**

ということは、**逆をいえば、SNSで情報発信している人は、事前にそれらを相手にチェックされている可能性が高い。**つまり、第1印象の前に、第0印象を相手に与えていることになるのです。

たとえば、SNSに「今日も徹夜です……」「最近は仕事が少なくて悲しいです……」「最近はイライラすることが続いています」といったネガティブな情報があがっていたら、それを見た人はどう思うでしょうか。私だったら、「この人とは一緒に仕事をしたくないかも」「ネガティブな思考がうつりそう……」といったマイナスの印象をもつと思います。

実際に会う前に、このような第0印象をもたれてしまうと、初めての対面であるにもかかわらずマイナスからのスタートになります。仮にふつうに接していたとしても、第0印象に引っ張られて、悪い印象をもたれてしまうおそれもあります。第0印象は、第1印象と同じくらい、その後のコミュニケーションに影響を与えるのです。

反対に、SNS上にアップされた情報から「仕事に前向きに取り組んでいること」「仕事で成果を出していること」が伝わってくるようなら、第0印象はよくなります。

実際に顔を合わせる前から、すでに「この人と一緒に仕事がしたい」「この人は信頼できそうだ」といった印象をもってもらえます。

自分の魅力を伝えられる人は、SNS上の第0印象から管理しているのです。私も第0印象の大切さに気づいてからは、SNS上にアップする情報を吟味するようにしています。もともと私は少しおっちょこちょいな面があります。信頼関係ができている間柄であれば、おっちょこちょいも「味」になるのかもしれませんが、まだ会ってもいない相手にマイナスな面を見せれば、「この人、本当に仕事を頼んでも大丈夫かな。ミスされたら困るし……」と思われかねません。ですから、私のSNSを見ていただくとわかりますが、あくまでも「仕事をきちんとしていること」がわかる写真や文章を中心にアップしています。

SNSは投稿のテーマを絞る

それでは、第0印象をよくするために、SNS上にはどのような情報をアップすればいいでしょうか。もちろん、SNSをする目的にもよりますが、**仕事で成果をあげることを目的にするのであれば、仕事に関する情報に絞ってアップすることをおすすめします。**「ありのままの自分を見せたい」という人を否定するつもりはありませんが、それだと第0印象をコントロールするのがむずかしくなります。

私自身も、SNSには基本的に仕事に関することを中心にアップしています。仕事だけでなく、プライベートももちろん充実していますが、プライベートの情報アップは比較的少なめにしています。全体的なバランスを考えているのです。

仕事をするうえでは家庭的なイメージよりも、仕事をしっかりしている女性というイメージをもってもらいたかったので、SNS上では家族についてはまったく触れていません。ビジネスで成果を得たいなら、出すべき情報と出さなくてもいい情報を分けて、イメージをコントロールすることも大事だと考えています。どういう状況であれ、やるべき仕事はきっちりやって結果を出す。これが私の仕事の美学です。年齢がいくつだとか、性別が男か女かは、仕事においては関係ないと思っています。あえて自分が甘えられない環境にしたいからこそ、プライベートの切り売りはしていません。

とはいえ、仕事のことだけでなく、グルメの情報、飲み会の光景、恋人とのデート、仲間と遊びに行っている情報などをあげることは、自分自身がメディアとしてより多くのストーリーを可視化することにもつながります。仕事やプライベートの充実は生き方のＰＲにもなります。

また、「人の不幸は蜜の味」とよく言いますが、人は心の底では人の不幸を喜び、人の幸せをねたむ面があります。高級な料理を食べた写真などがアップされ、プライベートが充実している雰囲気が前面に出てしまうと、反感を買うおそれがあるのも確かです。

私も、たまに行ったフレンチレストランの写真を投稿しただけで、「いつも豪華な食事をしていていいですね」と言われたり、その反対に、セミナー講義で出張の時、新幹線に乗っている写真を投稿すれば「佐藤さんは本当に忙しくご活躍ですね。休んでますか?」とも言われます。

実際には、日々の生活のほんの一部分を切り取って掲載しているので、毎日高級レストランに行っているワケではないですし、お休みも不定期ですがきちんと確保しています。

人というのは写真のイメージで相手を判断することもあるのです。ということは、**文章をどう書くかも大事ですが、写真のイメージづくりも第0印象をつくり上げるために大切な要素です。**

実際には仕事で成果を上げていて、実力があったとしても、いらぬ誤解を与えてしまってはもったいないですよね。

第0印象をよくするには、「SNSを見ている人がどう受け取るか」を考えて投稿する必要があります。

第0印象を大事にしている人の必需品は「自撮り棒」

第1印象と一緒で、第0印象も「見た目」が大きな意味をもちます。インターネット上では基本的に画像や文章が中心で、その画像のインパクトで印象が左右されます。無表情の顔や疲れていそうな顔がアップされていたら、「暗い人なのかな」「あまり会いたくないな」という印象を与えてしまいます。

たとえば、ヨガのインストラクターをしている人が疲れていそうな顔をアップしていたら、その投稿の画像を見た人は、「他の人を探そう」と思うでしょう。ですから、**インターネット上に自分の画像をアップするときには、「どう見えるか」という客観的な視点をもつ必要があります。**

第0印象をよくしたい人におすすめしているのは、**自撮りをする**ことです。私自身、ＳＮＳ上に自分の自撮り画像をアップしています。

自撮り画像を載せていると、「自分が大好きなんだね」と言われてしまいそうですが、実は目的をもって自撮りをしています。それは、**自分を客観的に見るためです。**他人の目には自分がどのようにうつっているのか。自撮りはそれを如実に証明してくれるのです。

当たり前ですが、鏡などを見ない限り、人は自分がどんな顔をしているか見ることができません。顔だけではありません。姿勢や髪型、服装の身だしなみなどもです。しかし、まわりの人はあなたのビジュアルを見ることで、「やさしそうだな」「怖そうだな」など、さまざまな印象を受けています。これは、自分が意識しないうちに、相手にマイナスのイメージを与えてしまう可能性があることを意味しています。

自撮りをすると、客観的に自分を見ることができます。「不機嫌そうだな」「暗い印象かも」「二重あごが目立つ……」「右から撮ったほうが印象はいいかも」など、さまざまな気づきがあります。自分が想像していたよりも印象が悪いと感じたら、同じような印象をまわりの人も抱いているということです。それに気づくことができれば、どうすればいい印象を与えられるかを、自然と考えるようになります。それは、第1印象を改善することにもつながるのです。逆に意外な魅力に気づくこともあるかと思います。

このように自分の顔をよく観察し、表情をコントロールできるようにしておくと、人前でも「どう見えているか」を意識し、表情を整えることができます。たとえば、自撮りをすると顔が暗い印象を与えることに気づいたなら、ほほえみ30％をふだんから心がけるようにするとまわりの見る目が変わります。

美容家の君島十和子さんも著書『十和子道』の中で自撮りをすすめていますが、「自分に足りないところを教えてくれる」というメッセージは、まさにその通りだと思います。

自撮りをして満足のいく写真が撮れたらＳＮＳにもアップしましょう。自分の画像を公開することで、さらにまわりから「どう見られるか」を意識するようになります。

以前、元宝塚歌劇団のタカラジェンヌ、娘役の方とご一緒に写真撮影をさせていただく機会がありました。その際に、彼女は撮影後の自分の写真写りを必ず確認していました。フェイスブックやブログに掲載された際の自分のイメージを損なわないための確認です。プロ意識を感じました。それほどまでに、ネットから配信されるイメージの威力を心得ているのでしょう。

私の友人も同じく、一緒に撮った写真は必ず見直し、「表情がいまいちだから、もう一回撮っていいかな?」「化粧直すから、もう一度!」と言ってくる人もいるくらいです。

自分の写真を掲載し公的に発信するということは、間違いなく第0印象をよくする効果につながります。やはり、すてきな表情で写っている画像を見た人は、「いい人そうだ」という印象を抱くはずですから、初対面もスムーズにコミュニケーションができます。

私のまわりで**自分のブランディングにこだわっている人は、自撮り棒を携帯しています。**私自身もその一人です。自撮り棒を使って撮影すると、自分の理想的な角度から撮影することができ、奥行きのある写真が撮れます。自撮り棒があるとないとでは、画像のクオリティーも変わってきます。自撮りにこだわりたい人には、おすすめです。

ただ、注意点をひとつ。**画像を加工しすぎるのはやめましょう。**ＳＮＳ上の写真と実際に会ったときの顔の印象がまるっきり異なると違和感を与えてしまいます。最悪の場合、「ごまかすのが平気な人なんだ」という印象を与え、信頼してもらえません。最近の技術の進歩ってすさまじいなと感じます。「補正アプリ」もほどほどに、あくまでも自分の表情と撮影の工夫で勝負しましょう。

特に、あまり鏡を見る習慣がない男性にも、自撮りはおすすめです。男性は女性に比べてビジュアルを意識していない人が多く、もったいないと感じることがあります。鏡は正直です。ありのままを映してくれます。ＳＮＳにアップする必要はありません。定期的に自分の見え方を客観的に見ることは、第0印象をはじめ、第1印象や第2印象を改善し、ビジネスの成果を生み出すことにつながるのです。

思いつきで撮影をしながら自分の表情が姿勢をチェックすることで、意識が変わり自分磨きの一助になるはずです。また、公共の場で自撮り棒を使用するときには、ルールや節度を守って使用するようにも心がけましょう。

ポジティブな自分を発信する

第0印象を磨くには、20秒トークと同様に、自分の魅力に気づき、それを表現することが必要になります。

SNS上で「今日も仕事が終わらなくて大ピンチ」「最近仕事がうまくいっていなくて落ち込んでいます」などとネガティブ情報を書き込んでいる人をよく見かけます。しかし、このようなマイナスな情報を見た人はどう思うでしょうか？「あまり関わりたくない」と距離を置く人が大半だと思います。

SNSで発信する情報は、20秒トーク同様、ポジティブなものに限定することが大切です。

ポジティブな自分を発信するには、自分の魅力を言語化しておく必要があります。そして、第3章でも述べましたが、自分の強みや魅力を紙に書き出し、言語化しておき、それに関連する情報を中心にアップするのです。

たとえば、「誰とでも人見知りすることなく仲良くなれる」ことが強みであれば、ビジネス上の交流している様子をアップしていく。得意なことであれば、基本的に前向きな投稿ばかりになりますし、SNSを見ている人も、「この人は、人見知りすることなく仲良くなれる」ところが魅力であると投稿から感じ取り、好印象をもつはずです。SNS上で自分の魅力や強みをアピールできれば、第0印象はよくなり、実際に顔を合わせたときも、スムーズにコミュニケーションがとれます。

また、自分の魅力を言語化したら、いつでもそれをアピールできるように、「仕事用」「プライベート用」「趣味用」「20秒バージョン」「1分バージョン」などいくつかのパターンを用意しておくといいでしょう。

突然自己紹介をするときになったときでも、サッと取り出せるようにしておくと、あわてることなく堂々と話すことができます。

成功する人が必ず行う「一人リハーサル」

人前で自分の言いたいことを伝えられる人は、事前に「リハーサル」をしています。いちばん理想的なのは、本番と同じ環境で実際に話してみることです。時間もきちんと測ります。実際に本番さながらのリハーサルをしてみると、さまざまな問題点に気づきます。「噛みやすい箇所がある」「制限時間内に収まらない」「スライドをうまく見せることができない」などなど……。面接やプレゼンなどの前には、できるかぎり本番に近い環境でリハーサルを行ってみてください。

リハーサルを誰かに見てもらって客観的なアドバイスをもらえるのが理想ですが、それが難しいようであれば、「一人リハーサル」を行うだけでも十分に意味があります。

リハーサルをするのが難しい場合でも、せめて原稿を声に出して読んでください。黙読ではまったく意味がありません。黙読だとすんなり読めますが、実際に声に出してみると、言いにくい箇所や噛んでしまう箇所が見つかります。そうしたら、原稿を書き直して、もう一度音読してみる。これを繰り返すことによって、伝える力はアップしていきます。

書き言葉と話し言葉は異なります。**音読をするだけでも、あなたの伝え方は大幅に改善します。**音読することを習慣にしましょう。

おわりに

最後まで読んでいただき、ありがとうございました。

本書で紹介した伝え方の技術を磨くことによって、確実にあなたが言いたいことを相手に伝えることができます。そして、相手の心を揺さぶり、行動を促すことが可能になります。ぜひ、ふだんのビジネスやコミュニケーションの場で、できることからチャレンジしてみてください。

あなたが自分の魅力をアピールし、チャンスをつかまれることを祈っています。

最後にひとつだけメッセージを贈って、筆をおきたいと思います。

言葉は相手に届けるプレゼント——。

上手に滑舌よく話すことも、ボキャブラリーを増やして表現力を磨くことも、自分の強みを的確に伝えることも大事です。そのノウハウについては、本書で余すところなく説明してきたつもりです。

しかし、**心のこもった言葉でなければ、それらのノウハウも宝の持ち腐れになってしまいます。**会話やコミュニケーションには必ず相手が存在します。あたたかい心をもって、相手のことを気遣い、言葉をつむぐ。つまり、「相手が何を求めているか」を察知して話すことが大切です。コミュニケーションのベースに、相手を気遣う心がなければ、相手の心を動かすことはできません。

最近、政治家の失言がニュースで報道されています。それらの失言は、とても政治家とは思えない、国民を失望させる言葉であることもしばしばです。相手を思う心を欠いた言葉は、ときにナイフのように相手の心を傷つけます。

いくら自分の言いたいことを伝えても、それが相手を不快にさせたり、傷つけたりしたら意味がありません。

言葉づかいは心づかい。相手が笑顔になるような言葉をプレゼントできるようになると、きっとあなたのまわりに前向きな変化が起きるはずです。

そのためにも、ふだんから、相手に思いやりをもってコミュニケーションをしましょう。人生のチャンスをもたらしてくれるような場面では、ふだんから行っている伝え方がものを言います。ここいちばんだけ取り繕うと思っても、必ずボロが出てしまうものです。

「言葉は相手に届けるプレゼント」であることを日頃から意識している人は、必ずチャンスをつかむことができます。思いやりのある言葉は、あなたを裏切ることはありません。本書をお読みくださった皆さんが、自身と向き合い、思いを自由自在に言葉にのせ、伝えることを楽しんでいただけたら……。そして、話すことを怖がらず、堂々とスピーチをして思い通りの結果につなげることができたら、嬉しく思います。

話し方を変えれば未来が変わる。

本書がきっかけでみなさんが新しい未来の扉を開かれることを心から願って結びとさせて頂きます。

最後に、この本を出版するにあたり、多くの方からご指導、ご協力をいただきましたこと、この場をお借りして深く御礼申し上げます。ありがとうございます。

佐藤　まみ

佐藤まみ（さとう・まみ）

一般社団法人日本ヴォイス・ヴィジュアル協会 代表理事。

ミス・ユニバース・ジャパン東京大会、愛知大会、日本大会など、ビューティーキャンプにて公認スピーチ講師を５年間歴任。

講師歴は11年、これまでおよそ１万人以上を対象に研修セミナーを行っている。

SMBCコンサルティングをはじめ、企業向けの講座100社以上を経験。主に話し方・ビジネスマナーを中心に講義を展開する話し方・魅せ方のプロ。

コミュニケーション力を高め、魅力を最大限に引き出す成功戦略を、言葉力と外見力の双方向から説いていくオリジナルカリキュラムは、実践も含めた参加型の講義。

相手に与える印象の分析・改善力に定評があり、話し方・表情、動作を総合的に指導している。

現在、全国各地からの研修・講演依頼に対応し、きめ細やかな講義内容は結果につながると、口コミも多く広がる。

大手FMラジオ局でアナウンサーを３年、テレビの局アナとして６年ニュースキャスターを務めた実績から、「話す・伝える技術」を習得。

自ら司会者として活動する傍ら、後進の育成にも力を注ぐ。

●メルマガ登録はこちらから
「未来を変える話し方・魅せ方をあなたへ」
https://48auto.biz/jvva/touroku/entry.htm

● JVVA 一般社団法人日本ヴォイス・ヴィジュアル協会
「話し方を変えれば未来が変わる」
講演依頼はこちらから
www.jvva.jp

●ブログ「瞬時に心をつかむ話し方」
https://ameblo.jp/jvva/

編集協力　松尾昭仁（ネクストサービス株式会社）、高橋一喜、
中野健彦（ブックリンケージ）
装丁　藤塚尚子（e to kumi）
本文デザイン・イラスト　和全（Studio Wazen）
DTP・図制作　横内俊彦
装丁写真　iStock.com

ミス・ユニバース・ジャパンビューティーキャンプ講師が教える
20秒で自分の魅力を伝える方法

2018年4月24日　初版発行

著　者　佐藤まみ
発行者　野村直克
発行所　総合法令出版株式会社
〒103-0001 東京都中央区日本橋小伝馬町15-18
ユニゾ小伝馬町ビル9階
電話　03-5623-5121
印刷・製本　中央精版印刷株式会社

ISBN 978-4-86280-617-8
総合法令出版ホームページ　http://www.horei.com/